Katja Kerschgens

Einfach kann ja jeder

Katja Kerschgens

Einfach kann ja jeder

Entdecke das TROTZDEM in deinem Leben

Edition Forsbach

Bibliografische Information der Deutschen Nationalbibliothek:

Die Deutsche Nationalbibliothek verzeichnet diese Publikation in der Deutschen Nationalbibliografie; detaillierte bibliografische Daten sind im Internet über http://dnb.dnb.de abrufbar

Edition Forsbach
Leben & Mee(h)r

www.edition-forsbach.de

ISBN 978-3-95904-035-8

Dieses Buch ist auch als E-Book erhältlich:

ISBN 978-3-95904-036-5

Druck: CPI books GmbH Leck

Printed in Germany

Inhalt

Mein Trotzdem – dein Trotzdem

Im Dezember 1994 – ich war gerade 25 Jahre alt geworden – steckte ich mitten in meiner Magisterarbeit. Ich hatte damals ziemliche Flausen im Kopf: Ich wollte nach meinem Studium auf der festen halben Stelle bleiben, die ich bereits hatte, und die andere Hälfte meines Einkommens mit Musikmachen verdienen. Semiprofessionell nennt man das in Fachkreisen. Ich war Schlagzeugerin und mitunter sogar in mehreren Bands parallel aktiv. Ja, damals hatten Studenten noch Zeit für ausgeprägte Hobbys ... Zugegeben, ich war wahrlich kein Trommlergenie, aber sehr leidenschaftlich. Zu der Zeit war ich als Frau am Drumset zudem noch eine Seltenheit. Außerdem schrieb ich für ein Schlagzeug-Fachmagazin – mit anderen Worten: Ich war im Thema.

An diesem einen Tag aber entschied ich mich anders, denn ich hatte eine Diagnose in der Tasche. Gerade hatte mir eine Ärztin gesagt, dass ich MS habe – Multiple Sklerose. Das ist diese dumme Sache, bei der das eigene Immunsystem die Schutzschichten um die Nervenbahnen herum angreift, dann gibt es so eine Art Lochfraß, die Nerven entzünden sich – und irgendetwas fällt aus: Laufen, fühlen, sehen, sprechen, was eben gerade so dran ist. Ich weiß, das ist eine sehr einfache Erklärung, aber die Geschichte muss ja weitergehen ...

Mir ist in diesem Moment völlig klar: „Das mit der Semiprofessionalität lass lieber schön bleiben. Viel zu riskant, wer weiß, wie lange du dich noch auf deinen Körper verlassen kannst!"

Also bewarb ich mich nach dem Uniabschluss auf eine Ganztagsstelle in der gleichen Firma und blieb die kommenden Jahre dort. Problem dabei: Es wurde nach BAT bezahlt, dem damaligen Tarif für den öffentlichen Dienst. Ich hatte eine sehr – pardon – popelige BAT-Stelle, aus der heraus es keine Aufstiegschancen gab. Um eine bessere Eingruppierung zu bekommen, musste ich darauf hoffen, dass eine Stelle in der Abteilung frei wurde und mich dann darauf bewerben. Mein Aufgabenkreis wuchs immer mehr, aber meine Eingruppierung nicht.

Eines Tages stehe ich vor dem schwarzen Brett. Dort ist die Stelle einer Kollegin ausgeschrieben – genauso läppisch bezahlt wie meine. Ich gehe zu ihr und frage: „Hast du gekündigt?" „Nein", antwortet sie, „ich bekomme doch die Stelle von Martin." Ich bin wie vom Donner gerührt. Mein nächster Gang führt mich zum Chef: „Kann das sein, dass wir da etwas übel verpennt haben? Wieso weiß ich nichts davon, dass bei uns eine Stelle frei wird, und wieso bekommt sie die jetzt, wo ich schon viel länger hier bin?" Ja, er hatte es verpennt. Jetzt nützt der Aufschrei nichts mehr, die Stelle ist weg, und in absehbarer Zeit wird auch keine frei werden.

Kurz darauf hatten wir Neujahrsempfang. Das hieß unter anderem, dass der oberste Chef von Grüppchen zu Grüppchen ging und salbungsvolle Worte sprach. Plötzlich stand er vor mir und meinte ernsthaft, mir etwas Gutes tun zu müssen: „Oh, Frau Kerschgens, da sind Sie uns wohl durchs Rost gefallen! Was wir Ihnen anbieten können, ist eine xy–Stelle" – die war auch nicht viel besser bezahlt als meine aktuelle Stelle – „aber die ist in einer anderen Abteilung" – wo ich gar nicht hinwollte – „und auf ein halbes Jahr befristet" – wie bitte?!? – „und dann müssen Sie sehen, wo Sie bleiben."

Ich wusste nur eins: In diesem Unternehmen wollte ich nicht mehr bleiben! Um es kurz zu machen: Ich habe mich schließlich selbstständig gemacht. Vorab habe ich mich mit einem Blatt Papier hingesetzt und überlegt:

- Was kann ich am besten?
- Was davon macht mir am meisten Spaß?
- Was davon wiederum lässt sich als Dienstleistung verkaufen?

Dabei kam unter anderem Rhetoriktraining heraus. Frei nach dem Motto: Ich kann gut vor Menschen reden, dann kann ich es auch anderen beibringen. Blauäugig? Aber hallo.

Noch blauäugiger aber fand meine direkte Umgebung meine Idee, aus einer nahezu unkündbaren Stelle heraus – auf der ich hätte Kuren machen können, bezahlten Urlaub bekäme, mich vielleicht frühpensionieren lassen könnte – mit dieser Diagnose selbstständig zu machen.

Ich machte es trotzdem.

Das ist mein persönliches Trotzdem, von dem du im Laufe des Buches noch mehr erfahren wirst. Und du wirst viele andere Trotzdems kennenlernen. Am Ende hast du einen guten Blick für dein eigenes Trotzdem.

„Klingt ja einfach", sagst du jetzt? Dann wird es dringend Zeit für eine

Warnung!

Das, was auf den nächsten Seiten auf dich zukommt, ist kein Schongang. Zwischen diesen Buchseiten wirst du auch keinen Streichelzoo finden. Im Gegenteil: Es wird wehtun. Willkommen im Leben – Offenheit tut weh. Tut mir leid.

Unsinn, tut mir nicht leid.

TROTZDEM!

Da geht es schon los: Erwischst du dich mitunter dabei, dass du dich für alles Mögliche entschuldigst?

Warum? Wem trittst du denn auf die Füße, wenn du einfach nur deine eigene Wahrheit vertrittst?

Auf wen nimmst du Rücksicht? Auf dich selbst ja offenbar nicht ...

Das ist wie beim Handwerken: Jeder von uns hat sich schon mal mit dem Hammer auf den Daumen gehauen. Trotzdem ist der Nagel irgendwann in der Wand, das aufgehängte Bild sieht toll aus und bereichert den Raum. Also darf der Daumen noch eine Weile pochen – oder tut dir das dann leid?

In den eigenen vier Wänden wollen wir es schön haben. Dafür nehmen wir pochende Daumen, Staub in der Lunge oder Farbkleckse im Haar in Kauf.

Genau genommen fangen aber die eigenen vier Wände bei dir selbst an: Wie steht es um den wichtigsten Raum in deinem Körper? Der, wo die Träume, das Glück, die Erinnerungen, der Wille sitzen? Ist es gemütlich dort? Oder blättert die Tapete in deinem Kopf?

Das, was sich in deinem Kopf abspielt, ist die Wirklichkeit – deine Wirklichkeit.

Es gibt keine andere.

Du kannst deine Wirklichkeit jederzeit gestalten. Die Erfahrungen und Entscheidungen anderer werden dir zeigen, was alles möglich ist. Dann liegt es an dir. An niemandem sonst.

Willkommen in deiner Wirklichkeit!

Vorweg gehen, nicht vergleichen

Ein kleines Mädchen fragt seine Mutter: „Mama, wieso trägt man die Uhr am linken Arm?“ Die Mutter antwortet: „Das macht man eben so, das machen schließlich alle.“

Das Mädchen trägt ab diesem Moment seine Armbanduhr nur noch am rechten Handgelenk. Obwohl das als Rechtshänder unpraktisch ist, denn die Uhr ist beim Malen und Schreiben immer im Weg. Doch wenn man etwas so macht, weil es eben alle so machen, macht dieses Mädchen es ganz bestimmt anders.

Dieses kleine Mädchen, das war ich. Ich war ein Trotzkopf. Ich wollte es nie so machen, weil es andere auch so machen. Im Gegenteil. Das allein war bereits Ansporn genug, mich aufzubäumen.

Genaugenommen bin ich das heute noch: Ein Trotzkopf. Was alle machen, stelle ich erstmal in Frage. Wenn mir jemand entschieden abrät, werde ich erst recht neugierig.

- Mädchen sollten Geige spielen. Oder wenigstens Klavier. Ich stieg mit 16 Jahren aufs Schlagzeug um.

- Mein mir sonst sehr wohlgesonnener Deutschlehrer fand die Idee nahezu absurd, dass ich Germanistik studieren wollte. Einige Jahre später hatte ich meinen Magisterabschluss in Germanistik in der Tasche.

- Alle waren sich einig: Wer eine unheilbare Krankheit hat, bleibt auf seinem sicheren Arbeitsplatz. Ich habe mich trotz meiner MS-Diagnose selbstständig gemacht.

Prinzip verstanden, oder? Klar, als kleines Kind ist der Trotz um des Trotzes willen Programm. Schon bald aber war es ein spontaner Reflex, um immer wieder meinen eigenen Willen auszuloten und letztendlich durchzusetzen.

Das ist auch eine Idee für dich:
Gehe vorweg, statt auf den überfüllten Bus zu warten.

TROTZDEM!

Und hier die Kernfrage: Was willst du?

Nicht die Eltern, nicht die Tante, die Nachbarn, der Chef – was willst du?

Ich kenne deine Ausrede, nicht das zu tun, was du tun willst: „Es geht nicht, weil die Umstände schuld sind!" Achtung, jetzt kommt Befehlston: Dieser Satz ist spätestens nach Durchlesen dieses Buches für dich verboten. Dieser Satz tut dir nicht gut. Und der bringt dich auch nicht weiter.

Natürlich ist es einfacher, die wirtschaftlichen, beruflichen oder gesundheitlichen Gegebenheiten oder andere Menschen schuldig zu sprechen und sich dann tatenlos zurückzulehnen. Aber schlau ist das nicht. Denn damit beschließt du das Ende deines eigenen Lebens, weil du die Kontrolle abgibst.

Willst du das wirklich?

Was mir das Recht gibt, dir das so an den Kopf zu werfen, ist mein eigenes Leben. Und das anderer.

Du wirst Geschichten lesen von Menschen, die aus ihrem Leben das Bestmögliche gemacht haben – trotz widriger Umstände aller Art.

TROTZDEM!

Bitte vergleiche diese Umstände nicht mit deinem eigenen Schicksal.

Bitte erspare dir den Satz: „Da kann ich ja gar nicht mitreden, andere haben ja mit viel größeren Problemen zu kämpfen!"

Verzichte bitte umgekehrt auf den Gedanken: „Die sollten erstmal meine Probleme sehen!"

Bitte lass dich einfach vom Trotzdem anderer inspirieren!

Jedes Schicksal, jedes Problem, jeder Umstand ist für den Einzelnen wichtig, groß, sieht unüberwindbar aus. Es geht um die Einstellung dazu: Warum ist für dich ein bestimmter Umstand ein Grenzzaun?

Du kannst mit diesem Buch lernen, einen Blick für dein persönliches Trotzdem zu bekommen – inspiriert von den steinigen Wegen anderer, um deren eigene Grenzzäune herum. Oder drunter durch. Oder in eine ganz andere Richtung gehend, Neuland entdeckend …

Wer Opfer bleibt, macht es sich leicht

Gleich vorab: Nein, es ist nicht einfach. Es gibt immer wieder Momente, an denen es wahrlich keinen Spaß macht. Tage, an denen so gar nichts gehen will. Heulkrämpfe, Wut, Angst, der Wunsch, einfach aufzugeben … all das passiert immer wieder. Auch mir. Vielleicht sieht es von außen leicht aus, aber in Wirklichkeit ist es harte Arbeit, mich jeden Tag aufzuraffen, immer wieder das Gute an den Dingen zu sehen, Neues auszuprobieren, um Vergangenes zu ersetzen.

Das ist eine Tatsache. Solltest du jetzt schon keine Lust mehr haben, dein persönliches Trotzdem zu finden, dann wird es nie klappen. Klingt hart, ist auch so gemeint. Der andere Weg ist leichter, einverstanden.

Aber das, was am Ende dabei herauskommt, ist definitiv nicht dein Leben. Sondern ein Leben zweiter Wahl. Eines, das anderen vielleicht gefällt, das in die Werteordnung derer passt, die sich auch nicht trauen. Die lieber für den Rest des Lebens Opfer sind und dich gerne mit dabei hätten.

Ich kann Opfer nicht leiden. Klingt schon wieder hart und ist exakt so gemeint.

Du wirst im Laufe des Buches wahrscheinlich verstehen, warum ich das so sehe.

Ich versuche, deinen Blickwinkel zu ändern, um dich zu dem Leben zu führen, das du leben möchtest.

Zunächst eine wichtige Frage an dich:

Bist du Opfer oder Gestalter der Umstände?

Die folgende Geschichte erklärt den Unterschied:

Eine Frau fährt eine einsame Landstraße entlang. Es ist dunkel und kalt, es hat kräftig geschneit. Auf einmal schlagen Flammen aus den Lüftungsschlitzen auf der Beifahrerseite. Sie will anhalten, findet aber so schnell keine Möglichkeit, rechts ranzufahren.

Endlich kommt eine Lichtung, da haben die Flammen bereits den Benzinkanister unter dem Beifahrersitz erreicht. Sie hält an, rollt sich aus dem Wagen.

Ein entgegenkommendes Fahrzeug stoppt, ihre Jeanshose brennt mittlerweile wie Zunder, der Fahrer springt zu ihr, versucht, sie mit dem frischen Schnee zu löschen ...

Wochen später wird die Frau zum ersten Mal wach. Denkbar knapp hat sie die schweren Verbrennungen überlebt. Die Ärzte mussten ihre beiden Beine bis oberhalb der Knie amputieren.

Sie weiß, dass sie jetzt zwei Möglichkeiten hat:

- Entweder wird sie für den Rest ihres Lebens mit ihrem Schicksal hadern, sich bemitleiden und sich hilflos geben. *Dann wäre sie ein Opfer der Umstände.*

- Oder sie schüttelt sich und denkt dann darüber nach, was sich aus dieser unschönen Situation machen lässt. *Damit wäre sie ein Gestalter der Umstände.*

Sie entscheidet sich für die zweite Lösung. Längst fährt sie wieder Auto und arbeitet – als Beraterin für Menschen, die sich gegenüber Behörden, Ämtern und Krankenkassen behaupten und für ihre Rechte kämpfen müssen. Denn sie ist nicht nur Juristin, sondern hat nach ihrem Unfall am eigenen Leib alle Widrigkeiten deutschen Behördentums kennen gelernt.

Beispiel? Hier: Warum erhält jemand mit einer doppelten Beinamputation einen zeitlich befristeten Behindertenausweis? „Schauen Sie mal", sagte sie damals zu dem zuständigen Bediensteten und fuhr mit ihrem Rolli ein Stück vom Tisch weg, „immer noch nicht nachgewachsen!"

Diese Frau ist eine ehemalige Studienkollegin meines Mannes. Ihre bewundernswerte Einstellung – und da komme ich auf die ersten Sätze dieses Kapitels zurück – wird immer wieder auf eine harte Probe gestellt.

Nachfolgen des Unfalls, fehlerhafte Operationen, Folgekrankheiten – nein, die Schicksalskapitel ihres Lebens sind noch lange nicht zu Ende geschrieben. Ihr persönliches Trotzdem muss sich immer wieder einer Bewährungsprobe stellen.

Aufgeben würde allerdings heißen, zum Opfer der Umstände zu werden. Es bleibt damit ihre ganz eigene Entscheidung, nicht die der jeweiligen Umstände. Genauso ist es auch deine eigene Entscheidung, was du aus den Umständen machst.

Opfer sprechen die äußeren Umstände schuldig, Gestalter nehmen ihr Leben selbst in die Hand.

Nach einem meiner Vorträge mit dem Titel „Krückstock oder Gehhilfe – Vom Opfer zum Gestalter der Umstände" sprach mich eine junge Frau Mitte, Ende 20 an. Mein Thema wäre toll, aber nicht das ihrer Generation. Die 40-Plusser suchten vielleicht danach, endlich ihr eigenes Leben zu leben, während viele Lebensumstände sie davon abhielten. Ihre Generation dagegen hätte ein ganz anderes Problem: Sie könnten sich nicht entscheiden. Es gäbe zu viele Möglichkeiten.

Meine Generation hatte dieses „Problem" in jungen Jahren vielleicht schon in Ansätzen gehabt, da waren wir uns einig. Aber die jungen Menschen heute stünden vor einer unüberschaubaren Vielzahl von Wegen, mit Eltern im Hintergrund, die alles für ihre Kinder ermöglichen. „Ins Ausland? Na klar, geh!" Alles ist selbstverständlich machbar.

Dazu käme ein Fastfood-Lebensstil: Etwas sofort bekommen und konsumieren zu können, um dann schnell wieder zur nächsten Alternative zu wechseln.

Das fand ich hochspannend, denn damit steht die jüngere Generation vor zwei großen Herausforderungen: Sie haben Geduld verlernt. Auf etwas länger warten müssen?

Nein, bitte direkt oder gar nicht. Damit ist das Lauschen nach innen zu den eigenen Bedürfnissen durch das permanente Rauschen des sofortigen Konsums kaum noch möglich. Man läuft dem nächsten Trend nach, statt zu erkennen, was wirklich die eigenen Wünsche und Vorstellungen sind.

Angesichts der Masse an Entscheidungsmöglichkeiten bleiben sie selbst mit ihren Wünschen außen vor, weil sie diese gar nicht erst wahrnehmen (können). Das ist die zweite Herausforderung: Verliert hier eine ganze Generation aus dem Blick, was ihnen selbst wichtig ist, während sie Modellen und Rollenbildern entsprechen wollen, die nicht die ihren sind? Abziehbild statt Authentizität, perfekte Avatare statt Persönlichkeiten mit Profil?

Am Ende kommen wir also doch wieder auf den gleichen Nenner: Wer bin ich? Was will ich? Was ist das Beste für mich? Sprich: Wie schaffe ich es, mein Leben zu leben?

Oder anders gesagt: Die Frage bleibt für alle dieselbe, hört sich nur für jede Generation anders an.

Wenn du dich mit Opfern umgibst, wirst du selbst eines

Wie sieht es in deiner direkten Umgebung aus? Wer jammert immerfort, wer hadert lautstark mit seinem Leben, wer sieht sein Schicksal einzig den Umständen geschuldet? Wer das auch jeweils ist: Diese Menschen nehmen dir deinen Raum zum Leben, zum Entfalten, zum Neufokussieren. Diese Menschen färben ab, gerne nachhaltig. Sie entziehen dir wertvolle Energie, die du brauchst, um aus deinen eigenen Löchern herauszukommen. Und da unten willst du doch gerade weg, oder?

Ich höre deinen Protest: „Ja, aber das ist doch mein Nachbar, meine Kollegin, meine beste Freundin, mein Ehepartner, das sind doch meine Geschwister, meine Eltern ... Diese Menschen kann ich doch nicht einfach ignorieren!"

Doch. Die ignorieren ja auch deine Entscheidung für ein selbst gestaltetes Leben. Mit ihrem Verhalten lässt du dich zwingen, ihre Wertewelt anzunehmen, mitzujammern und zu nörgeln.

Wer dich runterziehen will, ist bereits da, wo du nicht hinwillst: unten.

Erinnerst du dich an die Warnung gleich zu Beginn dieses Buches? Die war sehr ernst gemeint.

Wenn du wirklich willst, dass dein Leben besser wird, dann wird deine wichtigste Aufgabe sein, auf den ersten Blick sehr unangenehme Entscheidungen zu fällen.

Das tut weh.

Aber Tatsache ist, dass nur du selbst dafür sorgen kannst, dass niemand deine Gedanken verpestet.

Natürlich kannst du deinen eigenen Weg schildern und damit ansatzweise Überzeugungsarbeit versuchen. Wenn das nicht funktioniert, dann löse dich von diesen Menschen – innerlich und am besten auch äußerlich.

TROTZDEM!

Wer in deinem Umfeld zieht dich herunter?

Warum lässt du das zu?

Wie kannst du dieser Person für alle Zukunft aus dem Weg gehen oder wenigstens den Abstand vergrößern?

Jammern führt ins Tal

Ingrid ist 31, ihr Mann 36 Jahre alt, als von einem auf den anderen Tag alles anders ist. Seit einigen Monaten sind sie Eltern eines zweiten Kindes, Ingrids Mann hat große Pläne und möchte sich ein Segelboot anschaffen.

Zuvor hatte er sich einen Traum erfüllt und eine Transatlantik-Überquerung miterleben dürfen, von der er aber früher zurückkehren muss: Ein Muskelfaserriss macht ihm zu schaffen. Der Arzt rät ihm, das Bein hochzulegen, und gibt ihm Thrombosespritzen. Ingrid versorgt ihn und die Kinder zuhause. „War irgendwie eine lustige Woche", erinnert sie sich lachend.

Plötzlich passiert etwas mit ihm, er baut rasend schnell ab. „Ich will obduziert werden", wünscht er sich noch, dann stirbt Ingrids Mann. Einfach so, nahezu von jetzt auf gleich. Ein Krankenwagen ist im Anflug, Polizisten schellen an der Tür, zeigen ihre Marke, fragen fast barsch: „Wo ist die Leiche?" Es fühlt sich alles an wie in einem schlechten Film.

In all der Fassungslosigkeit, die nun folgt, erfüllt Ingrid seinen Wunsch. Es stellt sich heraus, dass ihm eine sehr großflächige Lungenembolie zum Verhängnis geworden ist.

Und jetzt? „Es muss weitergehen", ist Ingrid klar. Bei allem Unglück gibt es einen Lichtblick: Sie kann bei den Eltern im Haus wohnen, arbeitet nachts bei ihnen im Büro des familieneigenen Weinbetriebes. Sie ist gelernte Dolmetscherin und bringt ihre Sprachkenntnisse in vier Fremdsprachen gewinnbringend ein, baut neue und lukrative Märkte mit auf. Das Haus entwickelt sich zu dem, was man heute ein „Mehrgenerationenhaus" nennt.

Die Kuriosität in dieser Geschichte: Durch den plötzlichen Tod von Ingrids Mann wird später das Leben ihrer Tochter gerettet. Diese hat eines Tages einen Motorradunfall. Aufgrund der familiären Vorgeschichte wird ihr Blut genauer untersucht – und tatsächlich: Durch einen genetischen Defekt fehlt ihr ein Blutgerinnungsmittel. Es stellt sich bald heraus, dass in der Familie weitere Verwandte davon betroffen sind. Allein dieses Wissen wird in Zukunft Leben retten können.

„Er war immer gut gelaunt und hat gerne gelacht", erinnert sich Ingrid voller Liebe an ihren ersten Mann und folgert zu meinem Erstaunen: „Vielleicht war es gut, dass er starb, denn sonst wäre er wohl querschnittsgelähmt im Rollstuhl gelandet." Für diesen Mann wäre das undenkbar gewesen. Sie erinnert sich: „Mein Mann hat schon zu Beginn unserer Beziehung gesagt: *Ich werde nicht alt.*"

Erst 16 Jahre später findet sich ein neuer Mann an Ingrids Seite. Jetzt, im klassischen Rentenalter, steht nochmal ein großer Umzug in ein anderes Bundesland an, um einem Teil der Familie näher zu sein. Ingrid ficht das nicht an und packt voller Neugierde auf den nächsten Lebensschritt die Kisten. „Keine Angst vor Neuem, was?", frage ich. Ihre Antwort ist so spontan wie lustvoll: „Noööö!"

Schicksalsschläge können dich ausbremsen – wenn du dich ausbremsen lässt. Sie bringen dich aus der Kurve, wenn du es zulässt. Oder sie sind ein Wegweiser, der deine Lebenspläne durcheinanderwirbelt und eine neue Orientierung von dir abverlangt. Natürlich schmerzt es. Lasse das zu und stelle dich diesem Schmerz. Das gibt dir die nötige Klarheit für die nächsten Schritte – Verdrängen dagegen hilft nicht, denn irgendwann kommt der Schmerz zurück, in welcher Form auch immer.

Jammern ist eine Entscheidung

In meinem Schlagfertigkeitsseminar klagen eines Tages Mitarbeiter eines Ordnungsamtes ihr Leid: Der Ton auf der Straße würde immer rauer. Wenn sie Knöllchen verteilten, finge mitunter jeder zweite Satz der Falschparker mit „du Arschloch" an.

Daran wird sich in Zukunft wohl nichts ändern. Daher hilft es nicht, sich darüber zu ärgern. Mein Vorschlag: „Sammeln Sie, führen Sie Strichliste. Wenn Sie pro Tag bei unter fünf Arschlöchern bleiben, war es kein guter Tag." Das zauberte ein Lächeln in die Gesichter, und damit war der erste Schritt getan, anders mit dem Unveränderlichen umzugehen.

In manchen Fällen gehe ich noch einen Schritt weiter, wenn Teilnehmern mit Humor oder ähnlichen Ansätzen nicht beizukommen ist. Ihr nächster Satz fängt dessen ungeachtet immer mit „ja, aber" an. Und dann kommen wieder längere Erklärungen, was ihre Arbeit so schwierig, die Kollegen oder den Chef so unausstehlich, ihr Leben so schwer macht. Ich schlage dann beispielsweise vor, den Job zu wechseln. Danach kommen die nächsten Ausflüchte: „Ja, aber in meinem Alter habe ich doch keine Chance“ oder was eben aus Sicht dieser Menschen passt, um im Jammermodus zu bleiben. Letztendlich klingen alle Sätze wie dieser: „So einfach ist das nicht.“

Genau. So einfach ist es nicht. Wenn es einfach wäre, dann könnte es ja jeder. Die Probleme wären ruckzuck aus der Welt geräumt, Ratgeber wie dieser – oder auch Schlagfertigkeitsseminare – wären entbehrlich.

Im Kleinen wie im Großen hält der Alltag immer wieder Herausforderungen bereit, angesichts derer du dich entscheiden kannst: Jammern oder handeln? Es liegt bei dir.

Wenn du die Welt anjammerst, wird sie sich nicht verändern. Ja, stimmt, wenn du sie anlächelst, dann wohl auch erst einmal nicht. Aber sie wird irgendwann in einer anderen Farbnuance schimmern. Oder anders gesagt: Wenn du die Welt nicht ändern kannst, dann ändere deinen Blick darauf. Das wird dann zu deiner Wahrheit – und nur die ist maßgeblich.

TROTZDEM!

Jammern ist eine Angewohnheit. Gewohnheiten kannst du ändern.

Fange an, dir mit deinem Gejammer selbst auf den Nerv zu gehen – das ist lehrreich.

Die Arbeit von Ärzten ist bewundernswert. Damit meine ich in diesem Fall nicht deren Fähigkeiten und Kenntnisse, kranken Menschen zu helfen. Mich treibt etwas anderes um: Hast du schon mal darüber nachgedacht, dass diese Menschen permanent angejammert werden? Natürlich in erster Linie, weil ein Patient erkrankt ist. Aber es gibt auch diese *Aus-Prinzip-Jammerer,* die *Extrem-Leider,* die *Warum-ich-Junkies,* die *Sie-haben-ja-keine-Ahnung-wie-das-ist-Herr-Doktor-in-Dauerschleife-Wiederholer.*

Ich stelle mir den Alltag übel vor, der mir tagein, tagaus mehr oder weniger nur Jammerer beschert. Sicher, im Einzelfall stets nachvollziehbar. Doch auf Dauer vor allem für den Patienten keine gute Idee. Wer jammert, verschließt sich, denn er sucht die Schuld im Außen.

Nein, damit will ich nicht sagen, dass ein kranker Mensch selbst schuld ist. Ja, es gibt viele Ansätze, bei denen der Grund für eine Krankheit vor allem in der Psyche, in der Geschichte oder in den Vorleben des Erkrankten gesucht wird. Da gibt es sehr interessante Herangehensweisen, von denen ich selbst einige verfolge, aber das sprengt hier den Rahmen.

Ich möchte auf etwas anderes hinaus: Wer ausschließlich jammert, wird irgendwann nicht mehr ernst genommen. Kein Wunder, denn Dauerjammerer sorgen dafür, dass die Menschen in ihrer Umgebung abstumpfen. Willst du das wirklich jemandem antun?

So, jetzt kommt der gegenteilige Rat: Selbstverständlich tut Jammern manchmal einfach gut. Sich in ein Loch fallen lassen, den Tränen freien Lauf geben, sauer auf die eigene Situation sein – das ist sogar wichtig. Dabei wird deine innere Wahrheit spürbar, die nun mal weh tut, mit Verlust oder Angst zu tun hat. Davor solltest du dich nicht verschließen.

Doch wenn das Jammern überhandnimmt, verlierst du die Kontrolle über deine Zukunft. Es geht vielmehr darum, dass du diesen Jammermodus rechtzeitig und bewusst verlassen solltest, wenn du dein Leben verbessern möchtest.

TROTZDEM!

Mach dir bewusst, wann genau du in den Jammermodus kommst. Was sind die Auslöser? Wen ahmst du nach?

Was wäre eine Alternative zum Jammern?

Oder noch besser: Was kannst du tun, damit es doch klappt, sich ändert, besser wird?

Die Meinung der anderen

Der Tod und die Starken

Sie beeindruckte mich, denn sie zeigte Stärke. Mit festem Blick und sicherem Händedruck nahm sie meine Beileidsbekundung entgegen, während ich lernte: Der Tod ist für jeden da. Es war ihr Sohn, den sie da beerdigten, und dieser Sohn war gerade 17 Jahre alt geworden, ein Lebensanfänger. Er starb an Krebs. Zwei Jahre hatte es gedauert.

Als Markus krank wurde, zuckte ein großer Bekanntenkreis um Hildegard herum zusammen. Ich kannte die beiden eigentlich nur vom Sehen, aber durch die Krankheit rückte man ein wenig näher zusammen, es gab freundliche Besuche, hilflose „Wenn du Hilfe brauchst"-Gesten. Und es gab Hildegard, die Starke.

Groß, stämmig und selbstbewusst in ihren Gesten. Wenn Hildegard kam, dann schwang ein unausgesprochenes „Hoppla, jetzt komme ich" mit. Die Krankheit ihres Sohnes ließ sie noch gerader, ihre Gesten noch größer werden: Sie hatte einen Kampf auszutragen, den ihr keiner nehmen konnte, und sie kämpfte, kraftvoll, innig, überzeugt.

Ihre Waffen waren ihr Mut und ihr Glaube, und so wenig ich von Glaubensfragen verstehe, so konnte ich doch sehen, dass sie aus ihrem Glauben Kraft schöpfen konnte, für sich und ih-

ren Sohn. Markus machte in diesen zwei Jahren alle bekannten Stadien der Krankheit durch, Hildegard aber fuhr unbeirrt mit ihm zu großen Wallfahrtsorten und bestärkte ihn in seinem Glauben und seinen Hoffnungen. Also glaubte und hoffte auch Markus – bis zum Schluss.

Zwischendurch ließ Hildegard in einer verheißungsvollen Phase der Krankheit die Sektkorken knallen. Die traurigen, mutlosen Blicke ihrer Freundinnen konnten sie nicht zurückhalten.

Doch was mich in dieser Zeit am meisten beeindruckte, war die Art und Weise, wie sie mit ihrem Sohn umging. Während man selbst nach Worten und Themen suchte, die Markus gegenüber angemessen schienen, war ihr Umgangston mit ihm ungebrochen. Wenn Markus zu seiner Freundin fuhr, hieß es, wie immer, wenn Mütter den pubertären Söhnen nicht trauen: „Mach keinen Unsinn!", auch wenn der Krebs, den er hatte, Hodenkrebs war.

So sprach sie weiter mit ihm, sicherlich bis zum letzten Tag im Krankenhaus, als sie neben ihrem sterbenden Sohn saß. Groß, stark, mit geradem Kreuz und dem festen Glauben, alles getan zu haben, um ihrem Sohn zu helfen.

Jahre später auf diese Zeit angesprochen, kommen ihr die Tränen ...

Ich war 25 Jahre alt, als ich diese Geschichte als Bewerbung für einen Kurs in praktischem Journalismus unter dem Haupttitel „Ein Porträt eines Menschen, der Sie beeindruckt hat" aufschrieb. Ich war vielleicht 14 oder 15, als ich es miterlebte. Schon früh beeindruckten mich Menschen, die ihren Weg gingen. Die sich ihrer selbst sicher und bewusst waren.

Von außen betrachtet. Denn innen war Hildegard längst nicht so stark. „Aber ich war vorbereitet und nicht allein", sagt sie heute.

Sie wurde von ihrem Freundeskreis hinterrücks belächelt, als sie mit ihrem Sohn die Wallfahrt unternahm. Von „Wenn's hilft" über „der arme Junge, ob der das auch selbst will" bis „das bringt doch nichts" gingen die meist heimlichen Reaktionen. Sie wird es gemerkt haben.

Die Wahrheit war, dass Markus selbst die treibende Kraft dahinter war. Am Ende starb er mit einem Lächeln, das muss man mit 17 auf dem Sterbebett erstmal hinkriegen – und es bleibt völlig egal, wie jemand das schafft.

Für ihn war es gut, und allein das war entscheidend.

Am Abend seines Todes sitzt Hildegard im engsten Kreis zusammen, es wird über Markus gesprochen, in Erinnerung an ihn sogar gelacht. „Das macht man nicht", beschwert sich ihre Mutter, eine Aussage, die Hildegard bis heute verfolgt. „Doch", sagt sie zu mir, „es war richtig!"

Doch wenn andere Menschen etwas nicht gutheißen, bremst das die Betroffenen schnell aus. Nicht alle haben die Kraft, ihr persönliches Trotzdem zu leben. Der Grund ist: Sie sind abhängig von der Meinung anderer. Damit entsagen sie der Entscheidung, ihr eigenes Leben zu leben.

Dieses Verhalten ist Ergebnis eines Denkfehlers: Es ist nicht so, dass die Menschen um dich herum Macht über dich haben. Es ist vielmehr so, dass du es ihnen erlaubst, Macht über dich zu haben.

TROTZDEM!

Es ist völlig egal, was „die Anderen" sagen oder – hier kannst du eh nur raten – denken.

Entscheidend ist, was für dich richtig ist, was sich für dich gut anfühlt, was dir weiterhilft.

Ob es Glaubensfragen sind, deine Ernährung, dein Umgang mit einer Krankheit, einem Verlust, einem einschneidenden Erlebnis: Du solltest dir den Rat und die Meinungen anhören, dann kannst du abwägen, lässt dich inspirieren, aber am Ende ist es deine Entscheidung, was du tust.

Vorsicht vor denen, die selbst Angst haben, es „nur gut mit dir meinen" und dir ihre Wertewelten aufdrücken wollen. Das hilft denen – aber nicht unbedingt dir. Natürlich darfst und sollst du Hilfe annehmen. Aber niemand hat dich von sich und der eigenen Wirklichkeit abhängig zu machen.

Ja, ich weiß: Unsere größte Angst ist die, nicht geliebt zu werden. *Wer sich gegen Mehrheiten stellt, wird einsam. Am Ende wird keiner mehr helfen wollen, wenn ich alle Hilfe und Vorschläge in den Wind schieße.* Und dergleichen Glaubenssätze mehr ...

Das Prinzip, diesen vermeintlichen Weisheiten zu entgehen, ist ganz einfach: Glaubenssätze gelten nur für den, der dran glaubt. Gut, theoretisch ist das einfach gesagt. Für dich heißt das: Entlarve deine Glaubenssätze, finde heraus, wo diese herkommen, und dann entscheide, ob diese Glaubenssätze – heute noch – für dich Gültigkeit haben. Dann kannst du bewusst die Entscheidung treffen, diesen Glaubenssätzen für die Zukunft zu entsagen.

Sei achtsam bei Missionaren

Auf der jährlichen Buchmesse in Frankfurt gibt es auf dem Messegelände Marktstände mit den unterschiedlichsten Angeboten. Von Büchern aus Stein über Schmuck und Accessoires bis hin zu esoterischem Bedarf aller Art ist die Palette vielfältig und unterhaltsam. Gut gelaunt ging ich vor Jahren an den Ständen entlang und war kurz davor, mir voller Neugierde exotisch wirkende Kleidung anzusehen.

Da kommt die Verkäuferin direkt auf mich zu. Sie schaut mich von oben bis unten an, dann bleibt ihr Blick an meiner Jeans hängen. „Sie wissen sicher, dass Sie die Kleidung früherer Sklaven anhaben, oder?“ Und dann holt sie kräftig aus: Sie schimpft auf die Mode, bei denen die Träger gar nicht deren Geschichte kennen, findet heftige Worte für die westliche Kleidungsindustrie und dergleichen mehr. Damit wollte sie die Wertigkeit ihres Angebotes herausstellen. Bei mir hat sie das Gegenteil bewirkt. Ich habe zugemacht, mich überhaupt nicht mehr für die Sachen interessiert und gesehen, dass ich schleunigst Land gewann.

Du kannst schnell übertölpelt werden von denen, die dich mit allen Mitteln missionieren wollen. Sie sind derart überzeugt von der Allgemeingültigkeit ihrer eigenen

Wahrheit, dass sie dich um jeden Preis ebenfalls überzeugen wollen. Nicht selten reagieren sie – gelinde gesagt – schlecht gelaunt, wenn du ihre Wertewelt nicht für dich adaptieren willst. Das setzt dich unter Druck. Um dem auszuweichen – und da du schon von anderen Stellen Druck erlebst –, gibst du vielleicht zu leicht nach.

Aufpassen! Solche Missionare kennen alle Tricks, genau diesen Moment zu nutzen und packen dich an deiner schwächsten Stelle. Ihre Argumente sind überzeugend formuliert und klingen verlockend. Sie verheißen einfache Lösungen, verunglimpfen die Ideen und Ansätze anderer. Das klingt meistens sehr überzeugend, aber vielleicht willst du auch nur, dass es überzeugend ist. Denn dann wäre es so viel leichter ...

Nein, wäre es nicht. Es wäre nur vordergründig leichter, diesem Werben nachzugeben. Das Ergebnis wäre, dass du auf Dauer das Leben lebst, das andere für dich ausgesucht haben. Leicht ist also leider nicht die Lösung. Mehr noch: Je leichter eine Lösung dargestellt wird, umso mehr solltest du abwägen.

Wir Menschen suchen wie das Wasser den Weg des geringsten Widerstands. Dieser Weg führt aber immer bergab. Denk mal drüber nach!

Ein sehr hilfreicher Indikator, ob eine angebotene Lösung für dich sinnvoll ist, ist dein Bauch. Bildlich gesprochen, denn in Wirklichkeit ist es dein Unterbewusstsein, in dem alle Erinnerungen und Erfahrungen gespeichert sind und im Falle einer Entscheidung jedes Mal einbezogen werden. Vertraue auf dein Gefühl, dass dir sagt, ob etwas passt oder nicht. Schon ein kleines Unwohlsein darfst du als einen Aufschrei deines Unterbewusstseins werten. Und es hat sehr, sehr oft Recht!

Missionare, die es übertreiben, bewirken schnell das Gegenteil von dem, was sie bewirken wollen: Ihr Gegenüber stellt auf Durchzug.

TROTZDEM!

Wie ist das bei dir? Hörst du noch zu, wenn jemand dich überzeugen möchte? Oder verweigerst du dich direkt?

Ergebnis kann sein, dass du niemanden mehr mit Rat und Tat an dich heranlässt. Damit wirst du taub für das, was dir vielleicht doch helfen könnte.

Ja, was denn nun? Erst warne ich vor Missionaren, und dann sollst du ihnen doch zuhören?

Da haben wir es wieder: Es ist nicht ganz so einfach.

Es gibt zahllose Ansätze, mit denen du dein Leben verbessern könntest, die allermeisten haben für sich gesehen ihre Richtigkeit, aber sie sind nicht alle für dich gedacht. Es gibt nicht die eine Lösung für alle, es gibt unzählige Lösungsansätze. Es dauert, wenn du herausfinden willst, welcher für dich der richtige, weil passende, weiterführende ist.

Streng genommen könntest du auch dieses Buch oder Teile daraus als den Lösungsansatz für dich wahrnehmen. Oder eben genau nicht. Und beides ist völlig in Ordnung.

Schelte dich nicht: Nur, weil etwas für dich nicht funktioniert, solltest du die Schuld nicht bei dir selbst suchen. Auch die jeweilige Methode ist nicht falsch. Ihr passt einfach nicht zusammen. Geh weiter, suche, sei neugierig. Es wird sich finden, irgendwann, irgendwas.

TROTZDEM!

Vertraue darauf, dass es den richtigen Moment, den richtigen Ansatz, den richtigen Menschen für dich geben wird.

Die anderen verändern ihr Verhalten nicht

In meinen Schlagfertigkeitstrainings sammeln die Teilnehmer zu Beginn unter anderem die schwierigsten Gesprächstypen, die bei ihnen Blockaden, Sprach- oder Hilflosigkeit verursachen. Da kommt jedes Mal eine ansehnliche Sammlung zusammen. Von Cholerikern und Besserwissern über Dampfplauderern und Angebern bis zu Wichtigtuern und Platzhirschen ist dann alles dabei.

Anschließend sage ich meistens diesen Satz: „Wir können niemals das Verhalten unseres Gegenübers ändern, sondern immer nur unser eigenes." Nicht selten ernte ich damit enttäuschte Gesichter oder Kommentare wie diesen: „Es wäre doch so toll, wenn ich es schaffen könnte, dass mein Gegenüber endlich merkt, was für ein *piiiiiep – zensiert* er ist!"

Das wäre leicht. Aber leicht gibt es auch hier nicht. Einsicht kannst du niemandem geben, du kannst nur anders als sonst agieren. Das kann zur Folge haben, dass dein Gegenüber anders reagiert als sonst. Kann.

Am Ende aber muss er die nötige Erkenntnis selbst finden und dafür – ganz wichtig – bereit sein. Das geht nur von innen heraus. Wie willst du da drankommen?

TROTZDEM!

Schau bei dir selbst hin:

Warum reagierst du verstockt, wütend, traurig ..., sobald eine bestimmte Person etwas sagt, spezielle Verhaltensmuster zeigt, einfach nur anwesend ist ...?

Stell dir vor, auf dem Display deines Telefons im Büro wird ein Anrufer angezeigt, der dir unsympathisch ist, oder auf den du aus irgendeinem anderen Grund keine Lust hast. Vielleicht gehen dir dann Gedanken durch den Kopf wie: „Oh nein, nicht der und nicht heute!" oder „wieso immer ich?"

Nachdem du dich vielleicht noch ein wenig in deinen Unwillen hineingesteigert hast, nimmst du das Gespräch an – und klingst genau so unwillig, denn dein Unterbewusstsein kann jetzt gar nicht anders und lässt deine Gemütsverfassung nahezu ungefiltert durch. Deine Stimme wird dich verraten, entsprechend unerfreulich könnte das Gespräch werden, denn dein Gesprächspartner wird den Widerwillen – unbewusst – spüren.

Wie wäre es, wenn du dir ein knuffiges kleines Stofftierchen kaufst und neben dein Telefon setzt? Und jedes Mal, wenn ein dir unangenehmer Mensch anruft, schaust du zuerst auf das lustige Tierchen, streichelst ihm vielleicht sogar über den Kopf und denkst in folgende Richtung: „Och, der hat bestimmt wieder einen blöden Tag, da helfe ich gerne, den zu verbessern“ oder „hui, da kommen gleich wieder diese Machosprüche, drei hat er heute frei, dann erzähle ich den Witz mit ...“ oder „wenn ich den hinter mir habe, kann es nur noch besser werden, also ran!“

Die Frage ist also nicht, wie und warum sich die anderen so oder so verhalten, sondern wie du damit umgehst. Das ist der Unterschied zwischen Schuldzuweisung – „der ist doof“ – und Eigenverantwortung: „Seine Welt ist nicht meine Welt.“

TROTZDEM!

Gestalte deine Wirklichkeit so, dass sie zu dir passt und für dich angenehm ist.

Passe dich nicht der Wirklichkeit anderer an.

Die Wahl liegt immer bei dir.

Orientiere dich an den Gestaltern

Sämtliche Geschichten in diesem Buch sind wahr. Die Menschen dahinter kenne ich vielfach persönlich. Damit keine falsche Vorstellung entsteht: Ich ziehe solche Menschen nicht an – ich verzichte auf die anderen.

Der zweite Teil dieses Satzes stimmt auf jeden Fall. Für den ersten Teil musste ich kürzlich umdenken: Doch, ich ziehe solche Menschen sehr wohl an, und sogar meistens, ohne ihre Geschichte zu kennen. Diese Menschen strahlen offenbar etwas aus, das ich wohl unbewusst wahrnehme. Es sind die, die ihr Leben in die Hand nehmen, also keine Opfer, sondern Gestalter sind.

Mein Unterbewusstsein lenkt mich auf diese Menschen zu, von anderen dagegen weg. Ich habe wohl die innere Erkenntnis gewonnen, was mir einerseits hilft und was mich andererseits runterziehen würde. Damit habe ich meine inneren Sensoren ausgerichtet und kann denen ausweichen, die mir nicht guttun – bewusst oder eben unbewusst.

Mona ist für mich ein solcher Gestalter. Wenn ich alles im Detail aufschreiben würde, was mir Mona in ein paar Stichworten aus ihrem Leben nur grob skizziert hat, dann müsste es zu diesem Buch einen zweiten Band geben. Als sie 19 Jahre alt war, wurde ihre Mutter von einem Auto getötet – „totgefahren", wie sie es schlicht und sehr ergreifend beim nahezu unaussprechlichen Namen nennt.

Nur zwei Monate zuvor war sie zusammen mit einer Freundin per Interrail in den ersten eigenen Urlaub gefahren, aus dem sie am Ende allein wiederkehrte. Die Dramatik der Situation hatte darin gegipfelt, dass sie selbst als mutmaßliche Mörderin von der Polizei festgehalten wurde, mitten im Ausland, hilflos, allein. Ihre Freundin war unter dramatischen Umständen gestorben.

Dass Mona sich obendrein mit einem psychopathischen Stalker beschäftigen durfte, der über einen langen Zeitraum hinweg ihr Leben bedrängte und jede Nacht vor ihrer Tür lauerte, klingt fast wie eine nebensächliche Fußnote. Zu dieser Zeit war ihr Selbstwertgefühl – auf einer Skala von eins bis zehn – bei null.

Heute erinnert sie sich nicht daran, dass es „den einen Moment gab", der ihr Stärke und Vertrauen schenkte. Es war eher ein Prozess, es ging in kleinen Schritten. Zum Beispiel, als sie merkte: „Ich bin schützenswert", weil sich ein Polizist den Stalker entgegen aller Regeln sehr beherzt zur Brust nahm – mit anderen Worten: verprügelte – und schließlich dafür sorgte, dass dieser einen Tag später endgültig in der Geschlossenen landete.

Sie entwickelte im Laufe der Zeit eine starke, neue Sichtweise der Dinge um sie herum. „Ich habe die Wahl, wie ich mit etwas umgehe", sagt Mona heute, „indem ich wahrnehme, was ist." Dazu gehöre auch, die Verantwortung für sich und andere zu übernehmen.

So ist sie eines Abends in der Stadt unterwegs. Sie bemerkt einen Mann mit zwei Kindern, augenscheinlich ein Migrant. Er schwankt und stürzt plötzlich, bleibt liegen. Die Kinder stehen hilflos daneben, niemand eilt zur Hilfe. Außer Mona. Sie bleibt ganz ruhig, ruft den Krankenwagen, verharrt bei den Dreien, bis der Notarzt kommt. Sie sorgt dafür, dass die geschockten Kinder nicht von der Polizei mitgenommen werden. Es stellt sich später heraus, dass der Mann einen Leberriss und jede Minute gezählt hatte.

Dass sie in einer solchen Situation so gefasst reagieren kann, kommentiert sie fast lakonisch mit: „Auch schlimme Dinge können geregelt werden." Mit weinerlicher Mine durchs Leben gehen? Für sie undenkbar.

Menschen mit einer solchen oder ähnlichen Lebensphilosophie färben genauso ab wie die Opfertypen, Knatschköppe und Dauerjammerer. Du entscheidest, welchem Einfluss du dich aussetzt! Die Fokussierung auf Gestalter ist eine sehr hilfreiche Methode, um deine eigenen Chancen und Möglichkeiten zu erkennen.

TROTZDEM!

Suche nach Erfolgsgeschichten in deiner Nähe.

Welche kennst du? Wie hat dieser Mensch es geschafft?

Könnte dieser dein Vorbild sein?

Was könntest du dir von ihm abschauen?

Achtung: Es geht nicht darum, sich mit diesen Menschen zu vergleichen, um sich selbst dann klein und schwach zu fühlen. Das könnte dir im schlimmsten Fall Luft und Energie für deinen eigenen Weg rauben. Du bist du, du wirst deinen eigenen Weg gehen. Aber du kannst dich vom Willen, der Tatkraft, der Lebenslust anderer inspirieren und mitziehen lassen.

Du wirst mutig, indem du dich mit mutigen Menschen umgibst!

Mitleid bremst dich aus

Man gab sich zur Begrüßung die Hand, allerdings verhalten, da in der Region gerade ein hartnäckiger Magen-Darm-Virus die Runde und die Angst vor Ansteckung die Höflichkeitsgeste ein wenig unangenehm machte. Die Runde politischer Mandats- und anderer Funktionsträger fiel in ein lockeres Geplänkel über diese Diskrepanz.

Plötzlich sagt Wolfgang: „Also ich wasche meine Hände in Unschuld." Alle schauen erst ihn, dann seine leeren Ärmel ein wenig entgeistert an. Er hat keine Hände. Er hat noch nicht einmal Arme.

Es kommt ein scheues Lachen in der Gruppe auf. Er grinst und sagt: „Und darüber hinaus lege ich hier für niemanden die Hand ins Feuer. Ich nehme auch nicht das Steuer in die Hand. Ich halte nicht die Hand auf und verspreche auch nichts in die Hand. Ich lege niemandem den Finger in die Wunde oder halte die Hand über ihn. Ich schüttele auch nichts aus dem Handgelenk! Dafür kann ich auch nicht die Hand in fremde Taschen stecken."

Er kommt in Fahrt, immer mehr Sprichworte und Redensarten finden sich, auch den anderen fallen weitere Beispiele ein, die – wörtlich genommen – für Wolfgang keine Bedeutung haben können. Mit spürbaren Bedauern wenden sich die Kommunalpolitiker endlich dem eigentlichen Grund für ihre Zusammenkunft zu ...

Sich selbst nicht ernst zu nehmen, nimmt allen die Spannung. Eine delikate Situation ins Lächerliche zu ziehen, macht es einfacher, mit dem Offensichtlichen souveräner umzugehen. In der Runde ist Wolfgang gut bekannt, damit auch seine Behinderung. Alle wissen, dass er Betroffenheit nicht mag. Indem er lockerflockig agiert, macht er den anderen den Umgang mit sich und seiner Behinderung leicht, aber besonders der wichtigsten Person von allen: sich selbst.

Vielleicht fällt es dir schwer, mit deiner Situation so gelassen umzugehen, wie es Wolfgang kann. Eine Ursache dafür könnte Selbstmitleid sein. Solltest du dir öfter die Frage „warum ich?" stellen, dann ist das ein Indiz dafür. Dann bist du empfänglich für Mitleid und Betroffenheit – und damit wird es auch nicht besser für dich.

Der Vollständigkeit halber: Wer sich im Mitleid sonnt, ist in der Opferhaltung.

Ich persönlich mag für mich weder Mitleid noch Betroffenheit. Das hilft mir keinen Millimeter weiter. Es ist schon schwer genug, Rücksichtnahme und Hilfe einfordern zu müssen – und das immer öfter. Da hilft auch kein falscher Stolz weiter, wenn es ohne Hilfe nicht geht. Die Kunst liegt darin, im richtigen Moment Hilfe annehmen zu können, statt darüber zu verbiestern, dass (wieder) etwas nicht funktioniert.

Klingt nicht so einfach und ist es auch nicht. Aber das kennst du ja schon.

Raus aus der Abhängigkeit

Als Wolfgang seine beiden Arme verlor, war er dreieinhalb Jahre alt. Eine Landmaschine seines Vaters wurde ihm zum Verhängnis und kostete ihn beinahe das Leben. „Es war ein Wunder, dass ich nicht verblutet bin, denn wir waren auf dem Land und ohne Auto – bis ich endlich im Krankenhaus war, dauerte es."

Es begann eine Zeit, in der seine Eltern und Umgebung zwischen Hoffnungslosigkeit und der etwas hilflosen Suche nach Lösungen schwankten. Wolfgang erinnert sich an den Versuch, ihn an Prothesen zu gewöhnen. „Das ging gar nicht", empört er sich noch heute. „Im Dorf hatte sich alles sehr schnell herumgesprochen, jeder war betroffen, niemand wusste aber so richtig, wie man mit diesem schrecklichen Ereignis umgehen sollte." Verdrängung war ein Hilfsmittel, das ihm letztlich sogar die Integration in die dörfliche Gesellschaft erleichterte.

Zu dieser Zeit gab es zahlreiche Contergan-geschädigte Kinder, die auf Sonderschulen geschickt wurden. „Hier passierte das Gegenteil von Inklusion." Wolfgang erinnert sich an eine Art Ghettobildung für die Betroffenen. Bei ihm auf dem Land aber gab es derartige Einrichtungen nicht, er ging auf die Schulen in seiner Region. Und musste sehen, wie er klarkam. Seine Füße als Ersatz einzusetzen, brachte er sich selbst bei. Immer und immer wieder ging er über die mentale Schmerzgrenze hinaus. Wenn etwas nicht klappte, versuchte er es wieder und wieder und wieder und wieder. Und wieder. Und dann noch einmal. Das stählte sein Durchhaltevermögen, lehrte ihn, bewusst gegen Widerstände anzuarbeiten.

Bis heute bleibt er an etwas lange dran, weniger wie ein wütender Terrier, der sich festbeißt, sondern mehr wie eine fleißige Wühlmaus, die solange Tunnel gräbt, bis sie zum gewünschten Ziel kommt.

Dieser Lerneffekt, etwas so oft zu wiederholen, bis es geht, prägt seine Arbeit und sein Engagement in der Kommunalpolitik bis heute. „Ich habe eine extrem hohe Frustationstoleranz", sagt er, wie immer mit einem Lachen in der Stimme. Überhaupt – irgendwie ist er immer gut drauf. „Ich freue mich über das Leben", ist sein Credo.

Er konzentriert sich auf das, was möglich ist, und gibt dann sein Mögliches. „Nirgendwo steht geschrieben, dass man alles können muss." Natürlich könnte er sich darüber ärgern, dass er nie Golf oder Tennis wird spielen können. „Aber ich lamentiere nicht über das, was nicht geht", sagt er. Er fährt begeistert Liegerad, das auf seine speziellen Bedürfnisse umgebaut wurde. Sein Lieblingssatz lautet: „Wollen wir doch mal sehen!"

Zu Beginn unseres Gespräches erklärt er mir: „Das Wort Trotzdem trifft für mich nicht zu, ich bin kein trotziger Mensch", aber am Ende seiner Erzählungen wird er nachdenklich. „Vielleicht ist ja doch mehr Trotzdem in all dem, als ich dachte." Und ich höre ihn schmunzeln.

Für ihn gibt es etwas, das er früher genauso wenig mochte wie heute: Abhängigkeit. Es zu schaffen, immer wieder aus Engpässen und dem scheinbar Unmöglichen rauszukommen, gibt ihm ein gutes Gefühl. Und er weiß, dass es für ihn später im Alter nicht leichter sein wird. „Das macht mich dankbar, für das, was ich habe." Ihn mache Optimismus aus und die Fähigkeit, Prioritäten zu setzen. „Und um Hilfe bitten zu können“, ergänzt er. Und schmunzelt schon wieder.

Mitleid bekommst du umsonst, und sicher ahnst du es schon: Das ist zu leicht.

Mitleid kann abhängig machen. Es schenkt dir wertvolle Aufmerksamkeit. Aber es ist nur eine kurz wirkende Droge, die ohne nachhaltige Wirkung verpufft.

Nicht selten ist das regelmäßige „wie geht es Dir?“ in diesem besonderen Tonfall und mit betroffenem Augenaufschlag den Betroffenen eher unangenehm. Es kommt aus einer nachvollziehbaren Hilflosigkeit, aber stellt aus genau diesem Grund keine echte Hilfe dar.

TROTZDEM!

Womit ist dir mehr geholfen als mit Betroffenheit?

Teile es deinen Mitmenschen mit, das hilft denen, besser mit deiner Situation umzugehen!

So, jetzt kommt wieder die Kehrtwende vom Vorherigen: Natürlich tut Mitleid manchmal einfach nur gut. Für einen Moment kannst du loslassen, dich hineinfallen lassen in die Betroffenheit deines Gegenübers. Das kann dir einen Energieschub geben, die Kraft, weiterzumachen, weil du dein Schicksal mit den Augen eines anderen wahrnimmst.

Mit diesem Blick von außen kannst du vielleicht eher erkennen, wie viel Trotzdem du bereits geschafft hast.

Dazu passt folgende Begebenheit: Von denen, die mir für dieses Buch ihre Geschichte erzählt haben und dann den fertigen Text lasen, reagierten einige regelrecht ergriffen. „Das alles ist mir passiert?“, „echt erschreckend“, „erstaunlich, dass ich das geschafft habe“, „das bewegt mich sehr“, gaben sie mir und damit sich selbst mit auf den Weg.

TROTZDEM!

Mach dir von Zeit zu Zeit bewusst, was du – trotz allem – erreicht hast.

Und bewundere dich ruhig dafür.

Das ist erbaulicher, als sich selbst zu bemitleiden, oder?

Schaust du nach hinten, kommst du vorne nicht weiter

Aus Trotz zieht Sabina mit 19 Jahren bei ihren Eltern aus und heiratet. Entsprechend wenig begeistert zeigen sich diese, aber es ist ihr egal. Ihr Mann kommt aus dem Ausland und hat es schwer, in Deutschland Fuß zu fassen. Er macht sich als Handwerker selbstständig. Der erste große Auftrag ist verlockend genug, dass er einen großen Kredit aufnimmt, um das Material zu bezahlen. Doch der Kunde geht in die Privatinsolvenz, Sabina und ihr Mann stehen vor einem Berg Schulden. Er kann damit nicht umgehen, fängt schließlich an zu trinken, wird gewalttätig. Die nächsten drei Jahre durchlebt Sabina einen Albtraum.

Als sie sich scheiden lässt, ist sie 27 Jahre alt. Sie fragt sich: „Ist das jetzt alles gewesen?" Sie fährt Nachtschichten in ihrem eigenen, nervenaufreibenden Hauptjob, kellnert noch dazu, um über die Runden zu kommen, Unterhalt zu zahlen und die Schulden abzubauen. Ihre Kontakte brechen nahezu alle ab. Dass sie eine Zeitlang wieder bei ihrer Mutter wohnt, fühlt sich obendrein wie eine Niederlage an. „Ich weiß nicht mehr, wie ich funktioniert habe", resümiert sie heute. Kamikaze-Arbeiten nennt sie den Raubbau, den sie mit ihrem Körper und ihrer Psyche betrieb.

Dabei forderte allein ihre Arbeit in einer Notfallzentrale nahezu unmenschliche Kraft. Sie hatte jeden Tag mit über 20 Einzelschicksalen zu tun, die Menschen im Ausland treffen können. Vom Herzinfarkt bis zum Tod eines Kindes war alles dabei. Ihre Arbeit bestand darin, für diese Menschen das Notwendige und vieles darüber hinaus zu organisieren. Bei größeren Katastrophen waren es bis zu 70 Fälle, um die sie sich an einem Tag zu kümmern hatte. Eine psychische Betreuung für die Mitarbeiter der Notrufzentrale gab es nicht. Sie drohte, mental auszubrennen.

Irgendwann gab sie als Selbstständige Schulungen für Kollegen, pendelte zwischen zwei Schulungshäusern, die 650 Kilometer auseinanderliegen. Zehn Jahre lang schaffte sie dieses Pensum, dann beendete sie ihre Tätigkeit und suchte sich eine Festanstellung. Vor kurzem kam noch die Diagnose MS dazu. „Das haut mich nicht um", sagt sie, „das nehme ich jetzt so mit."

Überhaupt sieht sie in allem etwas Positives: „Durch das Erlebte formt sich die Persönlichkeit." Schon mit 16 Jahren habe sie bei ihrem japanischen Gesangslehrer gelernt: „Steine schieben lohnt sich."

Dieser Satz erweist sich als wahr, denn als sie mir ihre Geschichte erzählt, sind es nur noch drei Monate hin, bis alle Schulden abgebaut sind. An ihrer Seite gibt es einen neuen Partner. „Auf meine Entscheidungen bin ich nicht immer stolz gewesen", folgert sie, „aber ich trage sie mit erhobenem Kopf."

Auf alle Entscheidungen folgten Konsequenzen, mitunter sehr unangenehme, dennoch sagt sie: „Ich bereue gar nichts!"

Sie wäre heute jemand anders, wenn sie diesen steinigen Weg nicht gegangen wäre, davon ist sie überzeugt. Angetrieben durch ein weiteres erschütterndes Erlebnis – ihre Eltern verloren damals wegen einer falschen Beratung ihr gesamtes Vermögen –, hilft sie mittlerweile anderen Menschen, nicht in die gleiche Falle zu tappen. Sie schließt ihre Geschichte ab mit den Worten: „Ich mag mein jetziges Ich!"

Wenn du nur nach hinten schaust, Verlorenes bejammerst, mit deinen früheren Entscheidungen haderst, dann verpasst du das Hier und Jetzt.

Zu dem Zeitpunkt, als du deine Entscheidungen gefällt hast, waren sie richtig, denn damals konntest du es nicht besser wissen. Jedes Mal, wenn du dich sagen hörst „ach, hätte ich doch damals ...", dann verlierst du Zeit – und zwar kostbare Lebenszeit. Im Nachhinein lässt sich gar nichts ändern, also lebe damit. Es ist passiert, und bis heute hast du sicher etwas daraus gelernt. Dann war es doch für irgendwas gut.

TROTZDEM!

Entscheidungen im Nachhinein zu verurteilen, ist ein Energiefresser. Tu dir selbst den Gefallen und hake sie ab.

Zu der damaligen Zeit war die Entscheidung richtig und gut. Unwissenheit, fehlende Information oder welche Umstände auch immer haben zu ihr geführt.

Heute würdest du anders entscheiden? Klar, aber damals war eben nicht heute.

Im letzten Jahr fragte mich ein Seminarteilnehmer in einer Pause: „Sie gehen ja sehr offen mit ihrer Krankheit um, daher frage ich Sie auch ganz offen: Wenn Sie vor 15 Jahren, als Sie sich selbstständig gemacht haben, das Wissen von heute gehabt hätten – wie es Ihnen jetzt geht, mit welchen Einschränkungen Sie leben müssen –, hätten Sie sich dann damals trotzdem selbstständig gemacht?" Meine Antwort kam sehr schnell: „Ja, selbstverständlich! Denn diese 15 Jahre möchte ich auf gar keinen Fall missen!"

Das meine ich ganz ernst. Ich habe tausende von Menschen in Seminaren, in Coachings und Vorträgen ein Stück auf ihrem Weg begleiten dürfen, bin als Redenstrafferin zu einer Marke geworden, habe unterschiedlichste Bücher geschrieben und auf den Markt gebracht. Das alles hätte ich niemals erlebt, wenn ich auf dieser – Verzeihung – popeligen BAT-Stelle sitzen geblieben wäre.

Erlebtes kann dir niemand mehr wegnehmen –
im Guten wie im vermeintlich Schlechten.
All das macht dich aus!

Finde das Gute daran

Viele, viele Jahre lang habe ich mit meiner Diagnose gut leben können. Ein Zipperlein hier, ein Pillepalle da – alles erträglich. Doch dann merkte ich, dass es mit einem Mal zügig körperlich bergab ging: Ich musste in enger Taktung sehr viel Liebgewonnenes aufgeben. So habe ich zum Beispiel mein Motorrad verkauft. Zweihundert Kilogramm zwischen Wackelbeinen im Zaum halten? Keine gute Idee. Oder ich habe die Städtereisen mit meiner Mutter drangegeben. Einmal im Jahr waren wir für ein paar Tage in irgendeiner europäischen Großstadt und haben dort Museumsmarathon betrieben. Unser Rekord lag bei acht Museen in Stockholm. An einem Tag.

Undenkbare Strecken aus heutiger Sicht, wo ich es an manchen Tagen kaum vom Büro in die Küche schaffe. Wohlgemerkt: im Homeoffice.

Dann folgte etwas, das mir richtig weh tat und tief reinging: Ich habe mein letztes, mein größtes, mein geliebtes Schlagzeug verkauft. Es hat keinen Zweck mehr, ich kann nicht mehr spielen. Die Feinmotorik, die Schnelligkeit der Bewegungen, die Koordination – alles weg. Wenn ich mich heute an ein Drumset setze, klingt mein Spiel schlechter als das eines blutigen Anfängers.

Das sind Momente, in denen Trauer, Wut, der Wunsch, aufzugeben hochkommen. Mittlerweile kann ich solche Phasen akzeptieren, verdränge sie nicht, denn diese Gefühle gehören in Ruhe verarbeitet. Aber irgendwann besinne ich mich wieder auf das, was schon mein ganzes Leben bestimmt.

Ich habe bei allen Widrigkeiten stets überlegt: „Was ist jetzt das Gute daran?"

Das Gute daran, dass ich mein Schlagzeug verkauft habe: Im Keller ist neuer Platz entstanden, ein leerer schallgeschützter Raum steht zur Verfügung. Dort habe ich jetzt ein Videostudio eingerichtet. Vielleicht ist mein nächster Karriereschritt der zum Youtube-Star ...?

Mit dieser Einstellung bin ich nicht alleine. So ist auch Stina eine, die bei allen Nackenschlägen in ihrem Leben immer wieder das Gute sieht, nie das Lachen verlernt hat.

Als Jugendliche wird sie von ihrem Vater missbraucht. Das geht fünf Jahre lang so, bis ihr damaliger Freund ihn anzeigt. „Der bringt mich um", sagt sie den Polizisten voller Angst, denen sie erst mehrfach ihre Version erzählen muss. Aber als sie nach Hause kommt, ist ihr Vater zum Glück bereits in die U-Haft abgeholt worden. Er bekommt zweieinhalb Jahre auf Bewährung, doch Stina wird nicht mehr von ihm behelligt und atmet irgendwann auf. „Es gab auch gute Zeiten", erinnert sie sich, „denn wir haben viel unternommen." Dass sie obendrein eine alkoholkranke Mutter hatte, bleibt ein Nebensatz. Immerhin sei sie seit fast 40 Jahren trocken.

Wenige Jahre später: Ihr Ehemann klaut Autos und landet im Gefängnis. Stina, die ihr Geld mühevoll im Krankenhaus und mit häuslicher Pflege verdient, will in dieser Zeit unbedingt die gemeinsame Wohnung halten. „Das Gute daran war, dass ich erkannte, dass ich es auch allein schaffe", berichtet sie heute stolz. Später zieht es ihren Mann in die Rockerszene, in der sie sich selbst unwohl fühlt. Sie leben sich immer mehr auseinander. Trotzdem trifft es sie tief, als ihr Mann von einem auf den anderen Tag ihre Beziehung nach 21 Jahren Ehe beendet. Das Gute daran? Moment, da kommt vorher noch was anderes:

Parallel hatte sich nämlich über Jahre eine weitere Baustelle bei ihr aufgetan: Sie leidet unter Schwindelanfällen. Die Ärzte bescheinigen ihr eine Angsterkrankung, „was bei ihrer Vorgeschichte ja kein Wunder ist", wie sie zu hören bekommt. Sie durchlebt viele Etappen Psychiatrie und Therapie, die unter anderem Psychopharmaka samt hartem Entzug und anschließenden Depressionen beinhalten. Dann kommt irgendwann die richtige Diagnose, als sich obendrein ihr Sehen verschlechtert. Die nächsten Medikamente bringen sie an den Rand ihrer körperlichen Möglichkeiten, mittlerweile hat sie sie abgesetzt. Vor 15 Jahren wird sie aufgrund ihrer MS arbeitsunfähig.

Jetzt kommt ihr „Trotzdem“, und der Kreis schließt sich: Während eines Reha-Aufenthaltes lernt sie jemanden kennen, zu dem sie einen losen Kontakt hält. Nach der Trennung von ihrem Mann will dieser mit seiner Freundin aus ihrer Wohnung private Sachen holen. Sie kontaktet den Bekannten aus der Reha. „Könntest du an dem Tag anrufen, wenn mein Ex hier auftaucht?“ Sie will diesem eine Beziehung vorgaukeln, um sich ein besseres Gefühl zu verschaffen. Der Bekannte ruft an dem besagten Morgen an, fragt: „Wann kommt dein Ex denn?“ Sie weiß es nicht. „Egal, lass mich mal rein!“ Sie ist baff, immerhin wohnt er fast 400 Kilometer entfernt – und jetzt steht er vor ihrer Tür.

Die Kurzfassung in einem Satz: Die Fakebeziehung wird noch am gleichen Tag eine echte. „Das ist doch schon wieder etwas Gutes in meinem Leben“, sagt Stina, die bald danach zu ihrem neuen Lebenspartner gezogen ist. An sehr vielen Stellen in ihrem Leben könne sie immer wieder ein Trotzdem sehen, schließt sie gut gelaunt.

Natürlich ist es nicht immer leicht, das Gute an etwas zu finden, das weh tut, Verlust oder Zukunftsangst bedeutet. Nicht selten erschließt sich das Gute auch erst viel später, bei einem Rückblick auf diese Zeit. Letztendlich ist es eine Frage der inneren Einstellung. Rede dir also gut zu!

Allerdings sollst du dir die Dinge nicht schönreden. Das wäre nur Fassade, die irgendwann zu bröckeln beginnt.

Zudem wäre das – du ahnst es sicher schon – zu leicht. Vielmehr geht es darum, dass sich deine Sichtweise im Wesentlichen auf das fokussiert, was dich weiterbringt, und nicht auf das, was dich ausbremst.

TROTZDEM!

Schau mit einem speziellen Blick zurück auf die Wendepunkte in deinem Leben:

Was hat sich Gutes daraus entwickelt?

Was oder wen gäbe es heute für dich nicht ohne diese Kursänderungen?

Wenn du es nicht machst, wird es gemacht

Pia war an einem Punkt im Leben angekommen, der wichtige Entscheidungen von ihr verlangte. Aber sie arbeitete immer noch in der Reklamationsabteilung eines Telefonanbieters, sie war immer noch unglücklich verheiratet. In der Firma drohte ihr der Wechsel ins ungeliebte Callcenter, ihre Ehe blieb trostlos. Irgendwann entschied ihr Körper, wie es weiterzugehen hatte.

Eines Morgens wacht sie auf – und ist nahezu taub. Sie denkt: „Wieso klingen denn die Kirchenglocken so schrill?“, merkt dann aber, dass das Geräusch in ihrem Kopf ist. Ein Hörsturz raubt ihr sämtliche tiefe und mittlere Frequenzen.

Ihre Ohren waren schon von Kind an ihre Schwachstelle, sie hatte nach Operationen zwei künstliche Steigbügel. Der Arzt riet ihr immer wieder zu einer Infusionstherapie. Lange genug hatte sie auch diese Entscheidung vor sich hergeschoben, mit aller Macht bekam sie jetzt die Quittung. Es folgten Krankenhausaufenthalte, Spezialkliniken, psychologische Betreuung.

Dann kam dieser Satz: „Wenn Sie weiter im Callcenter bleiben, werden sie ganz taub.“ Das saß. So ging Pia mit 42 Jahren in Frührente.

Und jetzt? Was sollte sie mit sich selbst anfangen? War das schon alles gewesen?

Eines Tages wurde im Radio nach einem Telefonberater für Kinder und Jugendliche gesucht. Sie spürte: Das ist es! Nicht zuletzt, da ihre eigene schwierige Kindheit sie motivierte, jungen Menschen die Hilfe zu geben, die sie damals gebraucht hätte. Sie machte die dazugehörige Ausbildung und studierte einige Zeit später außerdem noch Soziale Arbeit. Heute ist sie in der Flüchtlingsberatung tätig. Jeden Tag geht sie gerne zur Arbeit – und ist zudem glücklich neu verheiratet.

In dem Moment, in dem Pias Ohren zumachten, öffnete sie ihr Ohr für andere. Sie wurde zu ihrem neuen Glück gezwungen. Und sie hatte jemanden – eine spätere Kollegin –, die sie immer wieder bestätigte und voran schob. „Manchmal braucht es noch zusätzlich jemanden, der einem in den Hintern tritt", sagt Pia heute lachend.

Einen Satz, der ihr in der Zeit des Wandels gesagt wurde, trägt sie bis heute im Herzen: „Es fügt sich alles im Leben." Genau so ist es: In der Situation selbst, wenn dich das Schicksal beutelt, fällt es schwer, zu erkennen, was sich daraus entwickeln könnte. Aber es wird sich etwas entwickeln!

Das kann auch dir passieren: Erst, wenn dir die Entscheidung aus der Hand genommen wird, bist du in der Lage, die richtigen Entscheidungen zu treffen. Klingt widersinnig, doch genauso läuft es mitunter.

So gesehen hat es auch sein Gutes, wenn „das Schicksal zuschlägt". Vielleicht hast du ja lang genug darauf hingearbeitet ...

TROTZDEM!

Es kostet Mut, dein Leben zu verändern. Es kostet deine ganze Kraft, wenn es das für dich tut.

Rückblickend wird dir – möglicherweise sogar erst eine ganze Zeit später – bewusst, dass es gut so war.

Du darfst dir und deinem Leben also vertrauen!

Du hast bereits mehr, als du je haben wirst

Bitte lies die Überschrift zu diesem Kapitel noch einmal.

Danke.

Wenn du jetzt maximal verwirrt bist, dann wundert mich das nicht. Es ist vor allem das Selbstverständliche, das wir in unserem Leben schnell mal übersehen. Ich rede hier nicht von „Dach über dem Kopf" oder „Füße im Warmen". Fang mit dem an, das am allernächsten liegt:

Du lebst! Jetzt!

Damit bist du der überwiegenden Mehrheit der jemals auf diesem Planeten existierenden Menschen voraus. Das ist die Gelegenheit, was draus zu machen. Je nach Vorstellung und Glauben sogar die einzige.

Leider fängt für viele das eigene Leben erst dann an, wenn „endlich alles passend ist". Also nie. Sicher gibt es auch in deinem Umkreis einen Menschen, der lediglich auf seine Pensionierung gewartet hat, um dann endlich zu reisen, sich seinem Hobby zu widmen, das Haus zu renovieren – und der dann in den ersten Monaten seiner Rente krank wird und stirbt. So ein Schicksal wird bedauert. Aber wir sollten vielmehr das gesamte Leben eines solchen Menschen bedauern, da es nie stattgefunden hat.

Noch naheliegender: Solltest du dich dabei erwischen, dass du regelmäßig das Wochenende herbeisehnst und den Montag hasst, solltest du unbedingt ganz intensiv über dein Leben nachdenken! Es wird Zeit, dass du aus deiner Lebenszeit etwas machst.

TROTZDEM!

Rechne kurz hoch, wie viele Tage du am Ende gelebt haben wirst, wenn nur die Wochenenden und der Urlaub zählen!

Was kannst du konkret tun, um jeden Tag in deinem Leben wertvoll zu machen – im Kleinen wie im Großen?

Das Jetzt wahrnehmen

Lotta lacht. Gerne und oft. Sie ist durch und durch positiv eingestellt. So kenne ich sie. Ich kannte sie auch zu dem Zeitpunkt, als sie ihren persönlichen Tiefschlag erlebte.

Es war an einem Freitag. Sie geht – wie so oft – zur Vorsorgeuntersuchung, hat den Kopf voller anderer Dinge. Lotta liegt in dem abgedunkelten Raum, in Gedanken bei ihrer Arbeit, als ihr Arzt plötzlich stockt. „Ich sage es jetzt ungern, aber ich sehe da was", erklärt er leise.

Ein Fahrstuhl scheint sie nach unten zu ziehen, der Boden ist auf einmal weg. Am gleichen Tag soll noch eine Biopsie gemacht werden, in den Stunden bis dahin läuft sie durch die Stadt. Alles ist unwirklich, skurril.

„Da wird schon nichts sein“, denkt Lotta in Dauerschleife. Sie ruft ihren Mann an, wartet mit ihm auf die nächste Untersuchung an diesem Tag, schweigend, weil beiden in diesem Moment die Worte fehlen.

Am folgenden Dienstag klingelt bei ihr das Telefon: Der Test ist positiv ausgefallen. „Ich jetzt also auch“, ist ihr erster Gedanke, denn Mutter und Schwester waren bereits an Brustkrebs erkrankt.

Nach dem ersten Schrecken greift ihr Naturell: Sie knüpft ein Netzwerk aus Betroffenen, findet dadurch Zuspruch, Hilfe und viele Tipps. Einer davon führt sie zu einer sehr guten Ärztin, die sie als Menschen wahrnimmt und nicht als Nummer. Sie selbst geht sachlich an alles heran, es wird zu einer „technischen Geschichte“, wie sie es nennt. Vor allem aber denkt sie nicht ein einziges Mal den Bremssatz: „Warum ich?“

Beruflich muss sie eine Vollbremsung machen, obwohl es gerade richtig gut läuft. Viele Projekte sind nicht mehr realisierbar. „Da trennt sich dann ganz schnell die Spreu vom Weizen“, erzählt sie. Das gilt für Kunden wie für Freunde. Sie wird dünnhäutiger und verabschiedet sich von Menschen in ihrem Umfeld. Sie merkt, dass manche aus Hilflosigkeit anders mit ihr umgehen, als wäre sie ein anderer Mensch geworden. Aber sie erlebt auch echte Wertschätzung und Beistand von Menschen, von denen sie es nicht unbedingt erwartet hätte.

Sie hört auf ihren inneren Kompass, den sie jetzt viel besser wahrnimmt. Vor allem aber will sie nicht bejammert oder angejammert werden. Sie trennt sich von Kunden, die ihr nicht guttun, wendet sich ab von Kraftfressern und geht „hin zu Menschen, die ähnlich ticken wie ich".

Ihr Brustkrebs wurde geheilt, soweit man das bei dieser Krankheit beurteilen kann. Jedes kleine Ziepen lässt ihre Alarmglocken schrillen. Die regelmäßigen Vorsorgetermine, die sie vorher mit links genommen hatte, lassen sie jetzt im Vorfeld ganz klein werden.

Das alles hat Folgen: „Ich lebe viel bewusster, viel mehr im Augenblick", sagt sie heute und sieht in ihrem Alltag eine Kostbarkeit. Ein Gang mit ihrer Kamera durch den Garten, das Zusammensein mit Familie und Freunden, ein Spaziergang durch den Regen, ein wunderbares Feedback nach einem Auftrag – all das nimmt sie seitdem viel achtsamer wahr. Sie entscheidet sich dafür, täglich lustvoll zu leben, denn „du bist der Schöpfer deiner Realität." Und sie lacht – wie so oft.

Herzlich und voller Dankbarkeit für das Leben.

TROTZDEM!

Ob du mit einem Kinderwagen oder auf der Suche nach einer Kneipe in einer Stadt unterwegs bist, wird dich jeweils eine ganz andere Stadt sehen lassen.

Mit welchen anderen Augen als sonst könntest du morgen zur Arbeit fahren, einkaufen, spazieren gehen?

Es gibt eben nicht die eine Wahrheit, sondern sie hat viele Gesichter, weil es so viele Sichtweisen gibt.

Mit welcher möchtest du gerne die Welt sehen? Fang gleich damit an!

Dein Leben ist unbezahlbar

Stell dir vor, jemand hat einen Porsche in der Garage stehen. Er ist sein ganzer Stolz, denn endlich hat er soviel erreicht, dass er sich seinen lang gehegten Traum erfüllen kann. Da geht das Garagentor vom Nachbarn auf. Dort stehen drei Ferraris, zwei rote, ein gelber. Und ein wunderschöner dunkelgrüner Aston Martin mit hellen Sitzen. Merkt man eigentlich sehr deutlich, dass ich in Hörweite vom Nürburgring lebe ...?

Es gibt Menschen, die ein solcher Anblick missmutig stimmt: „Wieso hat der andere mehr als ich?" Da wird sofort Neid hochgespült, aber vor allem Frustration angesichts der eigenen Situation. Diese Unzufriedenheit entsteht dann, wenn wir immer nur sehen, was wir nicht haben.

Schlimmer noch: Diese Erwartungsschleife dreht sich immer weiter. Ist das eine erreicht, ist es nach kurzer Zeit nicht mehr interessant genug und muss etwas Neues her. Die Jagd ist sofort wieder eröffnet, sobald eine Trophäe ergattert worden ist. Das fängt bei der neusten Mode an, geht weiter bei Autos, Frisuren, Tattoos und endet noch lange nicht beim aktuellsten Smartphone.

Das gilt nicht für dich? Doch. Leider gilt es für nahezu jeden von uns, denn wir alle haben uns schon bei diesen oder ähnlichen Sätzen erwischt:

- „Wenn das und das erreicht ist, dann werde ich ..."
- „Ich bin erst glücklich, wenn ..."
- „Erst muss das und das passieren oder vorhanden sein, dann kann ich ..."

Solche Sätze verraten eine Einstellung, die davon ausgeht, dass das Glücklichsein mit äußeren Umständen zusammenhängt. Doch weder äußere Umstände noch (Wert-) Gegenstände helfen, um die innere Wertigkeit wahrzunehmen. Wer sein Glück im Außen sucht, verpasst das Glück im Inneren.

Natürlich weint es sich in einem teuren Loftappartment angenehmer als in einem zugigen WG-Zimmer.

Cooler Spruch, findest du? Finde ich nicht. Denn er ist meines Erachtens falsch. Was nützt das Geld, wenn die Seele unglücklich bleibt? Selbstverständlich nimmt finanzielle Sicherheit einem Menschen viel Druck. Aber wer sagt denn, dass jemand in einem Loftappartment nicht auch wegen finanzieller Sorgen weint? Schulden oder unerreichbare neue Anschaffungen, die den „Freundeskreis" beeindrucken sollen, weil die fette Miete alles auffrisst – das gibt es auf allen Ebenen, behaupte ich.

Und ich meine noch etwas anderes, wenn ich diesen Spruch in Frage stelle: Es ist egal, wo du bist. Denn wenn du unglücklich bist, wirst du es überall sein – auch auf einer palmenbesetzten Südseeinsel. Es ist ein Trugschluss, dass man einen besseren Zustand erreichen könnte, indem man Dinge zum Trost anschafft.

TROTZDEM!

Vergiss die Dinge, die dir angeblich fehlen.

Frag dich lieber: Was muss in dir passieren, damit es dir bessergeht?

Dein Leben ist dein einziger Besitz.
Alles andere kostet meistens nur Geld.

Jetzt kommt wieder ein vermeintlich gegenteiliger Rat: Mach dir bewusst, was dich im Moment alles umgibt. Verweigere dich gegenüber Gedanken wie „Ja, aber dafür habe ich aber xyz nicht“.

Schreib alles auf, angefangen beim gefüllten Kühlschrank bis hin zum zweitägigen Kurzurlaub übernächste Woche. Alles. Dann lies es dir in Ruhe durch. Wenn du intensiv nachgedacht hast, wirst du mehrere DIN A 4-Seiten gefüllt haben.

Wenn nicht: Denke weiter nach ...

Da kommt sicher einiges zusammen, das dir vielleicht jetzt erst bewusst wird. Und weiter geht es: Wer ist eine Bereicherung in deinem Leben, hilft dir oder hat dir geholfen, was hast du bereits erreicht, worüber freust du dich, was lässt dein Herz schneller schlagen ...?

Kleiner Tipp am Rande: Es gibt Kladden und dicke Notizbücher, die wunderschön aussehen und großartig in der Hand liegen ... Wie komme ich jetzt bloß darauf? Noch so'n Hobby von mir ...

Zu erkennen, was du hast, und zu wissen, dass Glück nicht mit materiellen Dingen zu kaufen ist, macht dich reicher, als du je sein wirst. Wenn du dann noch neidlos die Leistung und das Erreichte anderer anerkennen kannst, dann wohnst du an der richtigen Stelle: In dir selbst.

Freue dich über das, was du hast, bist, lebst.
Und was du bereits hattest, warst, lebtest.
Mehr Glück geht nicht.

Manche sagen zu mir: „Es ist so traurig, was du schon alles aufgeben musstest." Ich erwiderte dann gerne: „Viel trauriger wäre es, es nie gehabt zu haben!" An dieser Stelle erlaube ich mir, einen Kalenderspruch zu zitieren:

Nicht die Glücklichen sind dankbar, sondern die Dankbaren sind glücklich.

Hach, ich finde den Satz toll. Lies ihn ruhig nochmal, ich warte solange ...

Danke dem Leben, dass du lebst

Als Danica zusammenbricht, sieht sie als Grund dafür ihre Arbeitsstelle. Alles ist plötzlich zuviel. Sie schwankt zwischen Aggression und Angst, kann das Haus nicht mehr verlassen, ist nicht mehr in der Lage, auch nur Kleinigkeiten zu erledigen. Sie geht für 13 Wochen in eine Klinik, nimmt vier Jahre lang Antidepressiva.

Doch in Wahrheit ist die Situation bei ihrer Arbeit nur der letzte Auslöser, das weiß sie jetzt. Und dann zählt sie auf: „Meine Arbeit, zwei misslungene Schwangerschaftsversuche, meine Kindheit, die Gewalt in der Ehe meiner Eltern, Krieg." Sie hatte vieles davon lange Zeit verdrängt.

Danica stammt aus dem ehemaligen Jugoslawien. Ihr Vater will sie verheiraten, sie ist einem Bauern im Dorf versprochen. Und er verprügelt ihre Mutter, die in seinen Augen stets „alles schuld war". Mit 15 Jahren haut sie ab. Als der Krieg in ihr Land kommt, ist sie 20 Jahre alt. Sie hat zu diesem Zeitpunkt eine Ausbildung absolviert und schon zwei Jahre gearbeitet.

Sie erlebt den Krieg erschreckend nah. Über ihren Kopf fliegen Geschosse, es fallen Bomben. Die Infrastruktur ist zerstört. Für die 70 Kilometer von der Stadt, in der sie jetzt lebt, bis in ihr Heimatdorf braucht sie fünf Tage. Sie muss auf die Beerdigungen von zwei Freunden, denen die Augen ausgestochen worden waren.

Zwangsheiraten, Beerdigungen, Vergewaltigungen, Massenmorde, Vergeltungsschläge – „nichts wie weg hier", lautet ihr fester Entschluss. 500 DM hat sie gespart. Sie schmeißt ihren Job hin. Sie hat einen losen Kontakt nach Deutschland, fährt mit einem Bus bis nach Frankfurt. Mit ihr fährt die Angst, dass der Kontakt, der in einem Hotel arbeitet, sie zur Bordellarbeit zwingen könnte.

Doch zum Glück kommt es anders.

Sie schickt Geld an ihre Familie. Für ihren Vater ist sie allen Tatsachen zum Trotz eine Prostituierte in Deutschland, er nennt sie eine „Verräterin“. Als sie 30 ist, erfährt sie, dass ihr Vater ihre Mutter mit einem Messer attackiert hat. Sie überlebt nur knapp, kehrt am Ende aber zu ihm zurück.

Danica lebt in der Angst weiter, wieder einen solchen Anruf von ihrem Bruder zu bekommen. „Trenne dich von ihm“, fordert sie ihre Mutter auf, aber diese will nicht. Als kleines Mädchen hatte sie zu funktionieren, doch nun ist sie nicht mehr bereit, ihrer Mutter zu helfen, und sagt es ihr auch.

Das Jammern ihrer Mutter zerstört ihren Respekt vor ihr. „Ich möchte nicht das Leben meiner Mutter leben. Sie hat sich entschieden, ich mich auch.“ Daraus lernt sie etwas Grundsätzliches: „Jeder von uns hat die Wahl.“

Der Mut, den sie in ihrem Leben immer wieder aufbringen musste, kommt aus einer starken Quelle: „Ich will leben.“ Und dann setzt sie leise hinterher: „Ich möchte nicht mehr hassen.“

Sie ist stolz auf ihren Weg und auch darauf, ihre Vergangenheit zu großen Teilen überwunden zu haben. „Verarbeitung ist harte innere Arbeit“, sagt sie. Ihr heutiges Leben zeigt ihr, dass sich die Arbeit gelohnt hat.

Sie ist zutiefst dankbar für den inneren Frieden und das Glück, das sie – trotz allem – in ihrem Leben gehabt hat. „Ich danke für die Chance, das Leben zu leben, was ich mir immer gewünscht habe“, schließt sie mit bebender Stimme.

Kleine Übung in Sachen Wahrnehmung

Setz dich für fünf Minuten in dein Badezimmer und nimm all die Dinge wahr, die vor hundert Jahren noch undenkbar gewesen wären.

Der Raum wäre ziemlich leer, was? Gab es überhaupt damals genau diese Baustoffe, um diesen Raum zu bauen? Ich habe es selbst gemacht und ein sehr intensives Gefühl der Dankbarkeit empfunden. Dass wir obendrein seit vielen Jahrzehnten in einem Land ohne Krieg leben, ist so unfassbar großartig ...

Deine Wahrheit gestaltest du selbst

Ramona ist zwölf Jahre alt, als ihre Mutter an Krebs stirbt. Bis sie zehn war, hatte sie eine wunderbare Kindheit, dann fing der lange Leidensweg ihrer Mutter an. Ihr Tod reißt die kleine Familie auseinander. Der Vater ist mit der gesamten Situation, seiner eigenen Trauer und der seines Kindes völlig überfordert.

Ramona bekommt Ablenkung bei einem benachbarten Ehepaar und deren Haustieren angeboten. Sie weint in Hundefelle hinein, lässt sich vom Lebenseifer der Nachbarin mitreißen, findet in deren Ehemann einen Zuhörer.

Irgendwann wendet sich das Blatt. Wie sich herausstellt, ist die Nachbarin psychisch gestört. Sie schlägt Ramona, vor allem aber erniedrigt und beutet sie das Mädchen aus. Umso vermeintlich vertrauensvoller wird ihr Mann.

Aus dem Vertrauensverhältnis wird sexueller Missbrauch. Er dressiert Ramona zu der Frau, die er sich immer gewünscht hatte. Als sie sechzehn ist, zieht er mit ihr zusammen. Ramona lebt in einem goldenen Käfig. Seine Gehirnwäsche hat sie hörig gemacht, ihr kindliches Nichtwissen für sein Ansinnen widerstandslos.

Und dennoch: Irgendwann ist der Leidensdruck zu hoch. Eines Tages schafft sie den Absprung. Zu Hilfe kommt ihr ein Mitschüler, ein Krimineller, der im Drogenhandel aktiv ist. Aber er hat breite Schultern und ein weiches Herz. In einer Nacht- und Nebelaktion räumen sie ihr weniges Eigentum zusammen, und Ramona zieht in eine kleine Wohngemeinschaft.

„Ich habe vieles verdrängt aus der Zeit, das Meiste ist nur noch schemenhaft in Erinnerung", erzählt Ramona mir. Ihr Trotz habe ihr geholfen, „der hat mich da durchgerettet."

In all der Zeit hält Ramona Kontakt zu ihrem Vater, dessen Überforderung sie überhaupt erst in die Situation gebracht hatte. Er bezahlt ihre WG, später zieht sie zu ihm in eine andere Stadt, um den vielen Erinnerungen zu entfliehen. Es ist keine Vater-Tochter-Beziehung mehr, es ist eine freundschaftliche Verbindung.

„Ich habe ihm verziehen", sagt sie mir, als sie mir ihre Geschichte erzählt und ich über diese Wendung hörbar staune. Und dann kommt ein Satz, der mich sprachlos macht: „Verzeihen ist im Grunde egoistisch. Ich selbst habe schließlich am meisten davon."

Das muss ich erstmal sacken lassen. Daher nochmal, zum Mitdenken und Abschreiben:

„Verzeihen ist im Grunde egoistisch. Ich selbst habe schließlich am meisten davon."

Und dann sagt sie: „Er muss mit seiner aufgeladenen Schuld ja eh leben." Ramona hatte erkannt, dass ihr Vater sie nicht absichtlich im Stich gelassen hatte, sondern selbst in einer sehr schwierigen Gefühlswelt gefangen war. Heute weiß sie, dass er da rausgekonnt hätte, „wenn er gewollt hätte. Aber das ist sehr anstrengend." Sie ergänzt noch: „Übel nehmen kann, darf und muss ich das."

Ramona hatte bis zu unserem Gespräch nie eine Therapie gemacht, aber mittlerweile endlich eine begonnen. Heute ist sie für andere Menschen da, ist weiterhin offen für deren Wahrheiten. Sie kämpft dafür, dass Menschen nicht nach Formalien und scheinbar „vorbildlichen Karrierewegen" beurteilt werden. Denn sie hat selbst erlebt, wie das aus ihrer Situation resultierende schlechte Abitur und ihr abgebrochenes Studium ihr immer wieder Steine in den Weg legten, wie oft man sie klein machte, anstatt sie nach aktueller Leistung und Persönlichkeit zu bewerten. Diese Erfahrung teilt sie, um neue Wege und Chancen zu kreieren.

Schnell sind wir mit einem Urteil zur Hand, besonders dann, wenn uns jemand dazu genug Anlass gibt. Auch in dem Wort „Vorurteil" steckt das Verb „urteilen", das schnell zu einem „verurteilen" wird.

TROTZDEM!

Wenn du über jemanden urteilst, schau genau hin, was das mit dir macht:

Hilft dir das?

Oder etablierst du damit einen – weiteren – Bremsklotz in deinem Leben?

Weg mit den Schubladen

Schnell sind Schubladen geöffnet, du steckst jemanden hinein, Schublade zu, Schlüssel wegwerfen. Das ist einfach. Schwieriger wird es, diese Schublade wieder aufzuhebeln. Das Thema „Schubladendenken" erinnert mich an eine Erfahrung meiner Mutter. Sie arbeitete über ein Vierteljahrhundert lang in einem Spielwarengeschäft. Ja, ich hatte eine fabelhafte Kindheit, falls das jetzt deine Frage gewesen wäre …

Ihr war es sehr wichtig, sich kein Urteil über ihre Kunden zu erlauben. Es konnte durchaus passieren, dass eine ältere, unscheinbare Kundin kurz vor Ladenschluss unbedingt noch mehrere Käthe Kruse-Sammlerpuppen sehen wollte. Auch wenn ein langer Arbeitstag hinter ihr lag, beantwortete meine Mutter geduldig alle Fragen. „Nicht selten kam es nämlich vor, dass diese Kundin Wochen später wiederkam und für viel Geld eine der Puppen kaufte."

In einen Laden mit ungeduldigen oder desinteressierten Verkäufern wäre sie dagegen wohl nicht zurückgekehrt.

Als Kunden kennen wir das. Bist du schon mal ungeschminkt in eine Parfümerie gegangen? Da wird sich so schnell niemand zu einer Beratung für dich aufschwingen. Pardon für dieses Klischee, aber ich habe es selbst oft genug erlebt.

Da ich derzeit Shoppingtouren im Rolli absolviere, rolle ich nur noch geschminkt in solche Läden. Sonst lande ich sofort in mehreren Schubladen gleichzeitig ...

Wer mich heute zum ersten Mal sieht, mich noch nicht kennt, weiß nicht, dass ich vor noch gar nicht so langer Zeit ganz normal, mit unüberhörbar festem Schritt gelaufen bin. Dass ich immer schnell in allem war – in den Bewegungen, beim Sprechen, mit dem Umsetzen von Ideen und Aufgaben. Dass ich geritten bin, Motorrad fuhr und in meinen besten Zeiten drei Schlagzeuge besaß. Dass ich mit großer Begeisterung gebastelt und gehandwerkt habe. Und dass ich seit fast 25 Jahren mit einer Diagnose lebe, die einem Damoklesschwert gleicht, das seit einigen wenigen Jahren tiefe Schnittwunden hinterlässt.

Das steht mir alles nicht auf der Stirn geschrieben. Niemanden steht die ganze Wahrheit auf der Stirn geschrieben. Dir nicht, auch den Menschen nicht, die so schnell in Schubladen rutschen, in die sie gar nicht reingehören.

Kennen wir das Schicksal der Menschen, denen wir zum ersten Mal begegnen? Nein.

Wir können es noch nicht einmal ahnen. Wir urteilen, ohne über alle dafür notwendigen Informationen zu verfügen. Schubladen werden schnell gefunden, wir machen es uns damit einfach. Natürlich ist es unrealistisch, alles über unser Gegenüber zu erfahren, bevor wir uns erlauben, eine Meinung über diesen zu bilden. Schnell aber tun wir jemandem Unrecht.

Wir kennen nie die ganze Geschichte, die Tiefen, mitunter sogar Abgründe. Wir wissen nicht, wie viel Kraft es jemanden kostet, ein Bild zu wahren.

Wir sollten aufhören, zu urteilen. Aber es fällt so schwer, denn unser eigenes Leben lenkt unsere Konzentration ab.

Das wahrzunehmen, ist ein erster Schritt. Es umzusetzen, ist die hohe Kunst des Miteinanders. Ich selbst scheitere regelmäßig an dieser Hürde. So wie an mir gescheitert wird, was schmerzhaft ist. Dieses Gefühl sollte mir zu denken geben. Es ist die Aufforderung, dranzubleiben.

TROTZDEM!

Wann erwischst du dich, dass du jemanden vorschnell in Schubladen einsortierst?

Was würde (dir) dagegen passieren, wenn du abwartest, bevor du urteilst?

Wir alle leben mit unserer ganz eigenen Wertewelt. Es wäre doch so schön, wenn wir durchgehend die gleiche hätten, dann wäre es wunderbar harmonisch. Und alles wäre einfacher,

Vielleicht. Die Wahrheit sieht anders aus: Deine Wirklichkeit ist die einzige, die es gibt. Es ist das, wie du die Welt wahrnimmst, wie du sie interpretierst. Daraus entsteht deine ganz eigene Wahrheit, und so hat jeder Mensch seine ganz eigene Wahrheit. Übrigens: Bitte verwechsle das nicht mit „alternativen Fakten"!

Jetzt wird es komplex: Es gibt also nicht die eine Wahrheit, es gibt – derzeit – sieben Milliarden Wahrheiten auf diesem Planeten. Sie entstehen aus der jeweils wahrgenommenen Wirklichkeit, denn jeder Mensch interpretiert die Dinge anders, schmückt sie mit seinen Erfahrungen, Erinnerungen, Träumen, Glaubenssätzen und all dem anderen Material im riesigen Speicherplatz des eigenen Unterbewusstseins aus. Das macht die Sache nicht leichter, aber verständlicher.

TROTZDEM!

Dein Leben wird davon geprägt, wie du mit den Wahrheiten anderer umgehst.

Statt zu urteilen, versuche zu akzeptieren.

Auch, wenn du etwas nicht gutheißt, so hat es für den anderen seine Berechtigung.

Vielleicht hilft dir dieser Gedanke, um loszulassen.

Gleichzeitig achte darauf, dass du Grenzen ziehst, sobald sie jemand bei dir überschreiten will!

Du bist der Anfang

In meinen Schlagfertigkeitstrainings läuft eine meiner letzten Übungen wie folgt ab: Die Teilnehmer schreiben auf mehrere Moderationskarten Beispiele für Worte persönlicher Anerkennung. Sätze wie „Du siehst heute gut aus“, „Wir brauchen Ihr Know-how“, „Danke für den tollen Vortrag“ und so weiter. Danach treffen sich alle in der Mitte des Raumes, gehen spontan auf jemanden zu, sagen, was auf einer ihrer Karten steht und verschenken diese. Die andere Person macht dasselbe mit einer der eigenen Karten. Dann geht es zum nächsten Gegenüber, und so werden die eigenen Karten verteilt, fremde entgegengenommen, irgendwann auch diese verschenkt. Nach einer ganzen Weile beende ich das Spiel. Ich habe es noch nie anders erlebt, als dass die Teilnehmer nicht mit einem breiten Lächeln an ihren Platz zurückgekehrt wären. Dabei war es doch nur ein Spiel, nichts war wirklich ernst gemeint. Und dennoch. Irgendwie empfinden die Teilnehmer echte Freude, fühlen sich wohl, weil wertgeschätzt.

Eine Teilnehmerin erzählte danach einmal folgende Geschichte: Sie hatte einen Vertriebspartner, den sie überhaupt nicht ausstehen konnte. So sahen auch die Bestellzahlen bei ihm aus, sie waren mies. Irgendwann erinnert sie sich, dass er ein Hobby betreibt, von dem sie zufälligerweise selber Ahnung hat. Bei ihrem nächsten Verkaufsgespräch fragt sie als erstes etwas zu seinem Hobby – und danach unterhalten sie sich anderthalb Stunden angeregt und vor allem nicht übers Geschäft. Als es danach ans Bestellen geht, macht sie 80 Prozent mehr Umsatz als sonst mit diesem Kunden.

Ein anderer Gesprächseinstieg als sonst kann zu einem völlig anderen Gesprächsverlauf führen. Er kann helfen, die Schublade zu vermeiden, in die du die Person sonst vielleicht gerne stecken würdest. Möglicherweise erfährst du etwas mehr über ihre Wahrheiten, was dir hilft, dein Verhältnis zu dieser Person neu zu justieren, Geschehenes oder Gesprochenes anders einzuordnen. Das soll nichts entschuldigen, aber erklären. Es gibt dir eine Chance, Begebenheiten anders zu bewerten und deine eigene Rolle darin zu überdenken.

TROTZDEM!

Bei wem könntest du einen anderen Gesprächseinstieg als sonst wählen?

Worüber könntet ihr sprechen, was euch beide interessiert oder begeistert?

Oder was könntest du diesem Menschen Nettes sagen, welches – ehrlich gemeinte (!) – Kompliment könntest du ihm machen?

Erkenne die Muster

Als Stella ein Jahr alt war, ging es los. Sie musste 19 werden, bis ihr Vater sie nicht mehr schlug, immer hinter verschlossener Tür. Die seelischen Schläge aber blieben. Jetzt ist sie Mitte Vierzig. Erst vor zwei Jahren hat sie erfahren, dass ihre jüngere Schwester obendrein dafür gesorgt hatte, dass sie Prügel von ihrem Vater bezog. Mit einem lapidaren „Stella war's!" war die nächste Tracht fällig.

Stella war eine Schande für die Familie. Ihre Eltern waren bereits verheiratet, als sie sich ankündigte, aber nur standesamtlich. Ihr höchst konservativer Opa väterlicherseits konnte aus diesem Grund die Enkeltochter nie akzeptieren, dessen Sohn adaptierte das antiquierte Gedankengut und ließ es an Stella aus. Stella hatte immer das Gefühl: „Ich bin falsch." Eine unglückselige Kette. Stella brauchte viele Jahre und zahlreiche Therapieansätze, um endlich inneren Frieden mit ihrem Vater zu finden, mit dem es nie zu einer Aussprache kam und zu dem der Kontakt schließlich abbrach. „Es war harte Arbeit an mir selbst“, sagt sie jetzt, „aber ich musste selbst dafür sorgen und mich meinen Gefühlen stellen. Das Schlimmste ist, sich in eine Opferrolle zu verkriechen.“

Sie machte sich ihr Unbewusstes bewusst, denn „Verdrängen geht nicht“. Aber ganz losgelassen hat sie doch nicht. Obwohl ihre Mutter sie nie gerettet hat, immer den Schein nach außen wahren wollte, die Beziehung zu ihrer Schwester schwierig ist, hat sie das Bedürfnis, den Kontakt aufrecht zu halten. „Kein Mensch ist nur grottenschlecht“, erklärt sie und spricht immer noch von Liebe.

Mit Schrecken beobachtet sie, dass der Exmann ihrer Schwester ebenfalls seine Kinder schlägt, und ihre Schwester nichts dagegen tut. Muster wiederholen sich – und es gibt sie überall. Lachend erzählt mir Stella, wie sie kürzlich beobachtete, dass ein 70-jähriger Mann von seiner greisen Mutter in aller Öffentlichkeit zurechtgewiesen und kritisiert wurde. In diesem Lachen steckt die Erkenntnis über die eigenen Muster, in denen sie sich zum Teil noch bewegt. Aber sie hat ein paar entscheidende Schritte in eine neue Richtung getan. Die Erkennung ihrer Muster ist nur einer davon.

Jedes Verhaltensmuster hat seine eigene Geschichte, einen Grund, einen Ursprung.

Du musst die Gründe nicht gleich gutheißen, aber es hilft dir, einerseits diese daraus entstandenen Muster zu erkennen und sie dann zumindest zu respektieren. Das gilt für deine eigenen wie für die anderer.

Glaube nicht alles, was du denkst

Als Mona den Fremden torkeln und fallen sah, hätte sie eine ganze Kette an Gedanken lostreten können. Etwa, dass es sich vielleicht um einen betrunkenen Mann handelte, der aggressiv werden könnte, was sie möglicherweise am Handeln gehindert hätte. Ihr engagiertes Anpacken jedoch beinhaltet eine ganz bestimmte Denkweise, die sie sich zu eigen gemacht hat: Sie will weg von dem Ausgeliefertsein, weg von der automatischen Interpretation, stattdessen bei den Fakten bleiben.

Fakt ist für sie in diesem Moment nur: Ein Mann klappt zusammen, es sind Kinder dabei. Um dann auf der Basis der eigenen Werte schnell und angemessen zu handeln: „Er braucht Hilfe, ich helfe." Sie nennt es „aktiv bleiben im Rahmen der Möglichkeiten". Für sie ist ganz klar: „Ich habe selbst Einfluss, ich bin nicht meine Gedanken und Gefühle. Immer, wirklich immer haben wir die Wahl, wie wir darüber denken, was passiert. Es gibt Fakten – und eben Interpretationen."

Fakt war auch, dass ihre Mutter damals unverschuldet bei dem Autounfall starb. Der andere Autofahrer hatte 1,0 Promille und bereits einen weiteren Menschen auf dem

Gewissen. Trauer, Wut, Entsetzen, Hilflosigkeit erfasst die Familie. Mona entscheidet sich nach einer Zeit dafür, handlungsfähig zu bleiben. Das hilft ihr auch bei der Einordnung, dass ihr eine „Rache" an dem Täter keine Befreiung an ihrer Trauer geben würde. Er wird angeklagt, entschuldigt sich nie, bekommt zwei Monate Fahrverbot. Fertig.

„Bin ich deswegen weniger traurig oder wütend? Nein! Doch das hindert mich nicht am Handeln." Und dazu gehöre eben, einem solchen Menschen keine Aufmerksamkeit mehr zu geben. „Wie wir die Dinge betrachten, interpretieren, einordnen, und welchen Einfluss wir sie auf unser Leben nehmen lassen", sagt Mona, „entscheiden wir selbst!"

Deine Gedanken ändern nicht die Situation, aber deinen Umgang damit.

Dein Unterbewusstsein kennt die Geheimrezepte

In meinen Rhetoriktrainings und -coachings höre ich oft Sätze wie: „Das habe ich noch nie gekonnt, da wurde ich ja immer ausgebremst", „Ich habe nicht genug Selbstbewusstsein, das wurde mir nicht anerzogen" oder „Da habe ich schlechte Erinnerungen, deswegen geht das heute nicht".

Diese Sätze verraten, dass sich Erfahrungen in der Kindheit wie Bremsklötze für den Rest des Lebens auswirken können. Dieses Thema trieb mich um. Irgendwann telefonierte ich mit einer Trainerkollegin, wir sprachen über verkorkste Kindheiten und wie daraus Lebensthemen einschließlich erfolgreicher Sachbücher werden. Mir rutschte heraus: „Da habe ich wohl keine Chance auf einen Erfolg mit einem Sachbuch, denn ich hatte ja eine glückliche Kindheit." Ich erntete einen langanhaltenden Lachanfall.

Mein Fazit sah so aus: Unglückliche Kindheit? Glückwunsch. Der Blick auf die Ratgeberreihen der Buchhandlungen beweist: Diese Menschen sind gut versorgt, ihnen kann geholfen werden.

Und so Leute wie ich – mit einer glücklichen Kindheit? Dumm gelaufen. Diese Menschen haben keine Probleme zu haben. Für die gibt es auch keine Bücher. Denen braucht man ja nicht zu helfen.

Diese ironisch überspitzten Überlegungen inspirierten mich zu meiner „Hilfe"-Romanreihe. Meine Protagonistin Nadine merkt darin, dass sie den Problemen nichts entgegenzusetzen hat, die mit einem Mal über sie einstürzen. Ihre glückliche Kindheit sieht sie als schlechte Vorbereitung aufs Leben, das plötzlich ziemlich stachelborstig daherkommt. Der Kuschelfaktor ihrer Jugend hat ihr eine vermeintliche Sicherheit vorgegaukelt, aus der sie nun herausgerissen wird. Am Ende aber merkt sie, dass auch das für etwas gut war. Okay, das ist eine erfundene Figur mit erfundenen Problemen, doch auch diese Geschichte zeigt erneut:

Es ist egal, wie dein Leben von Anfang an verlaufen ist – es bleibt die Frage, was du daraus machst!

Amanda kann es überhaupt nicht leiden, wenn sie in eine Bäckerei kommt und die Verkäuferinnen miteinander quatschen, als wäre sie gar nicht da. Immer wieder beobachtet sie an sich selbst, dass sie in solchen Situationen sehr ungehalten werden kann. „Worüber rege ich mich eigentlich auf?", fragt sie sich irgendwann und versucht, der Sache auf den Grund zu gehen. Endlich kommt sie dahinter, dass es ein Glaubenssatz ist, der sie bei echter oder gefühlter Missachtung ihrer Person in Rage bringt. Er lautet: „Ich will nicht ignoriert werden!"

Sie braucht eine Weile, bis sie dahinterkommt, wo der Ursprung dieses Satzes liegt. Als sie drei Jahre alt war, verschwand ihr Vater aus ihrem Leben. Er zeigte von da an keinerlei Interesse an ihr, während er die Söhne aus seiner ersten Ehe in sein Leben einbezog. Amanda fühlte sich von ihrem Vater aufs Schmerzlichste ignoriert. Sie stellt fest: „Aha, da kommt es her!" Es tut weiterhin weh, aber jetzt kann sie besser damit umgehen. „Ich habe es rationalisiert", sagt sie, denn sie habe die Quelle ausfindig gemacht. Sie ist ihrem Glaubenssatz seitdem nicht mehr ausgeliefert.

„Es ist ein befreiendes Gefühl, dahin zu gehen, wo deine Angst ist", sagt sie heute.

TROTZDEM!

Was macht dich ungehalten, nervös, ängstlich ...?

Was denkst du, wo es herkommt?

Wie könntest du in Zukunft damit umgehen?

Um zu verstehen, woher diese Glaubenssätze kommen, wie das Bewusstsein und das Unterbewusstsein arbeiten, stelle dir folgende Szene vor:

Ein Gast kommt in ein Restaurant und studiert die Speisekarte. Er weiß noch nicht so recht, worauf er Appetit hat. Da kommt aus der Küche der Duft von Bratkartoffeln und zieht unter seiner Nase vorbei.

Der Gast denkt: „Ich hätte echt mal wieder Lust auf Bratkartoffeln" und bestellt sie. Die Bedienung bringt das Essen aus der Küche durch eine Schwingtür in den Gastraum und serviert.

Der Gastraum steht symbolisch für dein waches Bewusstsein, die Küche für dein Unterbewusstsein. Während du denkst, dass du eine Entscheidung ganz bewusst fällst, sind die Bratkartoffeln in der Küche längst fertig.

Stell dir weiter vor, dass dem Gast sein Essen nicht schmeckt. Er beschwert sich bei der Bedienung, die ihm vorschlägt, direkt mit dem Küchenchef zu sprechen. Der Gast geht Richtung Küche und – pardauz – rennt gegen die Schwingtür, die sich in diese Richtung nicht öffnen will.

Genauso ist es mit unserem Bewusstsein: Während das Unterbewusstsein alle Entscheidungen trifft und diese an unser Bewusstsein schickt, ist der Weg in unser Unterbewusstsein zunächst einmal versperrt. Wer aber den Eintritt in seine Küche schafft, kann einen Blick in die Töpfe werfen, die Zutaten sehen und vielleicht sogar ganz hinten den Tresor mit Omas Geheimrezepten ausfindig machen.

Ändere die Zutaten in deinem Kopf

Manchmal schmeckt uns unser Leben nicht. Die Rezepte sind alt, aber sie wurden irgendwann für gut und richtig befunden, und wir befolgen sie daher noch heute. So ist das mit den Glaubenssätzen, die unser Leben beeinflussen: Sie wurden vom Gehirn in frühen Kinderjahren – manche auch später – als hilfreich und sinnvoll angesehen und als Hilfe zum Selbstschutz abgespeichert.

Schließlich meinte es damals jemand gut mit dir. Doch jetzt, Jahre später, wird mancher Glaubenssatz zum Hemmschuh. Der erste Schritt ist, dass du dir diese Bremssätze bewusst machst. Der zweite Schritt hat viel damit zu tun, dass nichts für immer ist: Du kannst ihn durch einen Erlauber ersetzen. Und jetzt kommt die beste Botschaft: Es funktioniert!

Ein ausbremsender Glaubenssatz könnte lauten: „Du bist nicht der Mittelpunkt der Welt!" Vielleicht kommt er von deinem Vater, der mit selbstbewussten Menschen nicht umgehen konnte. Die Folge könnte sein, dass du Angst hast, vor größeren Gruppen zu sprechen. Die Erlauber, die du jetzt setzen kannst, könnten lauten: „Ich darf mich bemerkbar machen", „ich bin wichtig" oder „ich habe etwas zu sagen".

Die Idee dahinter: Du bist der Herr über dein Gehirn und darfst in deinem Unterbewusstsein jederzeit neue Programme starten. Um die Scharniere der Schwingtür auch für den Gang in die mentale Küche zu schmieren, eignen sich zum Beispiel Methoden wie Hypnotherapie. Damit lässt sich ein Blick bis in die Geheimrezepte – also uralte, verdrängte Erlebnisse, Quellen für bestimmte Verhaltensmuster, sogar Traumata – werfen.

Doch so tief müssen die Einsichten nicht gleich sein, um ein paar, dein Leben beeinflussenden Geheimnissen in deinem Kopf auf die Spur zu kommen. Manchmal reicht ein einziger, kurzer Blick in die Töpfe in der ersten Reihe mit der Frage: „Warum schmeckt mir etwas nicht?" Das kann schon so erhellend sein, dass du ganz bewusst das Rezept änderst.

So war es bei einer Dame, die bei mir ein Redecoaching machte. Vorab teilte sie mir mit, dass das Halten von freien Reden für sie ein Ding der Unmöglichkeit sei. Sie lerne alles Wort für Wort auswendig oder müsse es vom Blatt ablesen. Im Coaching selbst bitte ich sie nach unserem Vorgespräch, sich einfach mal vorne hinzustellen und ihren Vortrag anzufangen. Sie startet mit dem ersten Satz, unterbricht sich, beginnt den Satz noch einmal anders, unterbricht sich wieder, formuliert den ersten Satz nochmals um. Beim zweiten Satz korrigiert sie sich wieder, beim dritten unterbreche ich sie. „Kann es sein", frage ich, „dass Sie in der Perfektionsfalle sitzen? Sie beginnen einen Satz, da meldet Ihr Gehirn: Das können wir aber besser! Bei der nächsten Fassung ruft ein anderer Teil Ihres Gehirns: Das klang vor dem Spiegel aber ganz anders! Und deswegen bekommen Sie keinen Satz zu Ende."

Sie schweigt, sieht mich mit großen Augen an. Ich sage: „Sie können sich in der Schriftform so oft korrigieren, wie Sie wollen. Aber ein Satz, den Sie aussprechen, ist wie ein abgeschossener Pfeil: Sie können ihm nur noch hinterherschauen, seine Flugbahn nicht mehr ändern. Leben Sie damit, dass der Satz für diesen Moment perfekt ist, und lassen Sie los."

Sie schweigt immer noch, ihre Augen werden noch größer. Eine halbe Minute später nickt sie: „Ja, ich glaube, das ist genau mein Problem!"

Es klingt vielleicht seltsam, aber ich glaubte zu hören, wie es in ihrem Kopf laut „klack" machte. Ab diesem Moment war sie wie erlöst, sie redete einfach drauflos, wirkte völlig entspannt. Wir arbeiteten den Rest des Tages am Feinschliff ihres Vortrags, den sie begeistert und spaßvoll immer wieder ausprobierte. Jedes Mal war er ein bisschen anders – jedes Mal war er perfekt.

Im Laufe des Tages frage ich sie: „Waren Sie als Kind schon so perfektionistisch?"

„Nein", sagt sie, „da war ich eher ein bisschen salopp und in manchen Dingen nicht ganz so genau."

„Und seit wann sind Sie so?" Sie überlegt. „Na ja, vielleicht seit Anfang des Studiums."

Ich merke, dass das nicht die ganze Wahrheit ist. Sehr viel später am Tag frage ich sie: „Wie ist denn Ihr Mann so?" „Oh", antwortet sie, „der ist total perfektionistisch." „Und wann haben Sie ihn kennen gelernt?" „Zu Beginn meines Studiums ..."

Glaubenssätze müssen also nicht nur in der Kindheit angelernt sein. Auch später können deine Mitmenschen neue Programme – für beide durchaus unbewusst und ungeplant – in deinen Kopf impfen.

TROTZDEM!

Vorsicht vor Menschen, die dir sogar absichtlich ihre eigene Wertewelt aufstülpen, und du das zulässt!

Sind es auch deine Werte? Und wenn nein: Warum adaptierst du sie dann?

In all dem steckt ein wichtiger Vorgang: Mach dir bewusst, warum du so handelst wie du handelst.

Birgit war sieben Jahre alt, als ihre Mutter starb. Das riss sie aus ihrem guten Leben. Ihre zweite „Mutter" war deren beste Freundin, die ihr Vater nur aus Vernunftsgründen und in vorheriger Absprache mit seiner verstorbenen Frau heiratete. Die Kinder, insgesamt fünf, sollten ver- und umsorgt sein.

Erst ein Vierteljahrhundert später arbeitete Birgit diese Zeit in einer zweijährigen Therapie auf, denn es hatte mehr Spuren hinterlassen, als ihr bewusst gewesen war. „Dieser Verlust war ein Dorn in der Seele", weiß sie heute.

Und es war nur der Beginn einer ganzen Reihe von Schicksalsschlagen, die dann folgten. Aber „ich hatte immer Helfer, war früher nie eigenständig, habe mich durchs Leben geschummelt", erinnert sie sich. Vordergründig klingt das gut. Wer aber nie Eigenverantwortung übernimmt, wird irgendwann abhängig von anderen – von deren Meinung, deren Tun, deren Rückmeldungen. Das sorgte dafür, dass sich Birgit nicht mit sich selbst auseinandersetzte. Ihr Prinzip lautete: Vermeidung in Form von Ablenkungen und Verdrängung.

Irgendwann hatte sie einen Punkt erreicht, der ihr nur die Wahl ließ: Entweder aufgeben oder neu beginnen. Es gibt diesen einen Moment in ihrem Leben, an dem sie sich selbst verspricht, dass sie jetzt ihr Leben leben wird. Sie will nicht mehr mit all ihren Tiefschlägen hadern, sondern die Dinge selbst in die Hand nehmen. Sie findet wieder den Kontakt zu sich selbst und zu ihrer ersten Mutter. Und sie ist dankbar, denn das Glück unserer Generation sei, „dass wir uns mit Sinnfragen beschäftigen dürfen". Heute ist sie sinnstiftend für Menschen unterwegs und geht darin begeistert auf.

Von außen betrachtet hat Birgit großen Erfolg. Aber sie sagt: „Erfolge sind eben nur Äußerlichkeiten. Glück im Äußeren zu suchen, ist jedoch unmöglich." Daraus entstünden schnell Vorurteile beim Einschätzen anderer und falsche Prioritäten bei sich selbst. Sie weiß, dass alles im Inneren entschieden wird. Lange hätte sie dazu nie die Kraft aufgebracht. Sie nennt es einen „Reifeprozess im Unterbewusstsein", den sie durchlebt hat. Wer sie von außen beurteile, könne nicht sehen, welche Täler sie durchschritten hat, „wie viel Kraft all das gekostet hat". Das mache es umso wertvoller für sie.

TROTZDEM!

Welche Ausreden hast du, die dich daran hindern, aus deinem Kokon zu schlüpfen?

Wofür sind die gut? Was willst du damit verhindern?

Oder anders gefragt: Welcher (dir) unangenehmen Wahrheit willst du ausweichen?

Deine Sprache verrät deine Gedanken

Wenn du dir nicht sicher bist, was du wirklich denkst, dann höre dir genauer zu. Damit ist (fast) alles gesagt. Bestimmte Wörter und Formulierungen sind ein deutliches Indiz dafür, was sich in deinem Unterbewusstsein abspielt, welche Programme dort verankert sind. Die nächsten Absätze sollen dir helfen, dir die Geheimnisse in deiner Sprache bewusst zu machen.

Der folgende Satzanfang ist wohl jedem von uns schon mal über die Lippen gefallen: „Eigentlich müsste man mal ..." Hier sind sie alle vereint, die Verräter. Ich stelle sie dir einzeln vor:

eigentlich

Manchmal mache ich einen Test mit meinen Seminarteilnehmern. Ich sage: „Eigentlich bin ich gerne Rhetoriktrainerin." Pause. Irgendwann fragt irgendjemand laut: „Aber?" Alternativ kommt auch gerne: „Und uneigentlich?" In diesem verräterischen Wort *eigentlich* steckt die Einschränkung, ja der Widerspruch unüberhörbar drin. Wer „eigentlich" sagt, meint eigentlich etwas anderes. Wenn du dich selbst erwischst bei Sätzen wie „eigentlich bin ich ganz zufrieden mit meinem Job" – dann sagt dein Unterbewusstsein gerade: „In Wirklichkeit geht er mir auf die Nerven!"

Aber das würdest du ja nie laut sagen, oder? Warum eigentlich nicht?

müsste, hätte, könnte, würde, sollte

Der Konjunktiv ist eine wunderbare Ausrede: Alles bleibt im Denkbaren und wird nicht zum Machbaren. Deine Aussagen werden relativiert und schwammig, du entziehst dich der Verantwortung, indem du nicht zu deinen Aussagen stehst. Wenn du sagst: „Ich würde vorschlagen", schlägst du es dann vor oder nicht? Sei mutig und streiche die Optionen, indem du zu dem stehst, was du sagst.

In der Kombination mit „eigentlich" entstehen Aussagen wie „eigentlich wäre ich lieber Künstlerin". Welche – gedachten – Hindernisse stecken in diesem „eigentlich" und dem Konjunktiv? Warum und wovor schützt du dich damit? Vor dir selbst und deinen eigentlichen Zielen? Stelle dir das gute Gefühl vor, wenn du statt „das wäre toll" behauptest: „Das wird toll!"

man

„Das macht man nicht" – sagt genau wer? Wo steht das geschrieben? Wer konkret ist „man"? Immer dann, wenn dir selbst ein „man" durchflutscht, schaue offenen Herzens hin: Von wem genau kommt diese Bemerkung oder Behauptung ursprünglich? Warum sollte sie auf dich in diesem Moment zutreffen?

Ein Satz wie „hier müsste auch mal jemand den Müll runterbringen“ hat zur Folge: Der Sprecher geht irgendwann selbst, denn es fühlt sich ja sonst keiner angesprochen. Oder andersherum: Wenn mir jemand sagt „das macht man so“, dann gilt das für mich schon mal nicht – siehe meine „Trotzkopf“-Geschichte zu Beginn dieses Buches.

Ein „man“ kann auch verraten, dass du dich als fremdbestimmt wahrnimmst. Mit einem Satz wie „das macht man so“ lässt du zu, dass irgendjemand über dich bestimmt – aber nicht du selbst.

mal

Es wird sich nichts in deinem Leben ändern, wenn du an Wörtern wie „mal, irgendwann, demnächst, in Zukunft“ festhältst. Irgendwann ist niemals. Wenn sich bei dir „mal“ was verändern soll, dann wird es beim Wunschdenken bleiben. Wenn du dagegen genaue Zeiträume definierst, dir ein konkretes Datum vorstellst, programmierst du dein Unterbewusstsein auf Handeln statt auf Warten. Alles andere ist für deinen Kopf einfach zu ungenau und daher nicht erstrebenswert.

TROTZDEM!

Wenn deine Sprache dich verrät, schau hinter deine Kulissen: Deine Entscheidungen, Vorschläge, Ideen, Wünsche, Träume – warum stehst du nicht dazu, gibst es zu, trägst die Verantwortung dafür?

Was würde sich ändern, wenn du es tätest?

Entlarve deine Bremssätze

Auch ein ähnlicher Satz wie der folgende rutscht uns schnell über die Lippen: „Ich wurde aufgehalten!" Wieder einmal hat sich hier das Unterbewusstsein verraten mitsamt dem Zeigefinger, der auf andere zeigt. „Der" – wer auch immer – „ist schuld, nicht ich! Ich bin fremdbestimmt!"

Stell dir vor, du sagst stattdessen: „Ich habe mich aufhalten lassen." Das zeigt, dass es deine Entscheidung war, nicht die eines anderen.

Diese Formulierung erfordert, dass du vorher überlegst: „Was ist mein Anteil an dieser Situation? Warum habe ich es zugelassen? Was war mir wichtig(er)?"

Eine ähnliche Fremdbestimmung verrät der Satz: „Ich muss noch xy erledigen." In dem Wort *müssen* versteckt sich wieder einmal eine Ausrede: „Die Situation, jemand fordert das von mir ein, was soll ich machen?"

Damit entziehst du dich der Verantwortung.

Wie wäre es ersatzweise mit folgendem Satz: „Ich möchte noch xy erledigen, weil ..." Damit zeigst du, dass es deine Entscheidung ist, weil sie für dich Sinn und Zweck erfüllt. Überhaupt machst du dir bewusst, warum du etwas tust oder tun willst. Das gibt dir Klarheit über deine Motive.

Deine Sprache verrät dir, wo du dir mental selbst im Weg stehst, noch Entscheidungen ausstehen, Unsicherheiten da sind. Hör auf dich!

Je bewusster du sprichst, umso mehr erfährst du über dich selbst.

Noch ein kleiner Tipp: Wenn du merkst, dass dir vorschnell ein Wort oder ein Satz über die Lippen gekommen ist, der dir nicht gefällt, dann kannst du ihn nachträglich korrigieren. Dein Gegenüber wird merken, dass du dir deine Worte bewusst machst, das wird ihnen eine ganz eigene, nämlich stärkere Wirkung geben.

Der eine Satz, der alles ändern kann

Um dem Unterbewusstsein auf die Sprünge zu helfen, braucht es mitunter eines Impulses von außen. Etwas, das dich neu kalibriert. Manchmal kann das ein einzelner Satz sein.

Hildegard, deren Sohn an Krebs starb, war nach außen die Starke, aber für sie selbst war es alles andere als einfach. Sie war stark für Markus. Aber als er am Ende ins Koma fiel, alle Hoffnung in sich zusammenbrach, brach auch die nach außen getragene Stärke Hildegards zusammen. Sie weiß noch, wie sie auf der Autobahn fährt, plötzlich nicht mehr weiß, wo sie ist. „Ich hatte keine Worte mehr für Gebete", erinnert sie sich heute unter Tränen.

Sie sucht unter anderem Trost in der Heiligen Schrift, findet aber keinen Satz, keinen passenden Text, der ihr hilft. Irgendwann, während ihr Sohn dem Tod immer näher ist, findet sie ihn doch: „Es ist nicht mein Wille, es ist dein Wille." Es liegt nicht in ihrer Hand. Ein Gefühl der Panik überschwemmt sie – und dann wird sie ganz ruhig, findet inneren Frieden, kann endlich wieder schlafen. Sie hat losgelassen und das Schicksal ihres Sohnes in andere Hände gegeben. „Daran“, betont sie heute, „bin ich stark geworden.“

Manchmal ist es wirklich nur ein Satz, der alles verändert. Es kann auch eine Beobachtung sein, ein Text, ein Gespräch, eine helfende Hand, ein offenes Ohr, vielleicht auch ein Buch wie dieses ... Eine Winzigkeit, die für dich eine sehr große Bedeutung bekommt, etwas in deinem Unterbewusstsein antriggert und dir einen neuen Weg um deinen Grenzzaun herum zeigt, vielleicht auch ein Schlupfloch oder eine ganz neue Richtung, offen für Neuland ...

TROTZDEM!

Dieser eine Satz, dieses eine Wort, dieser eine Moment der Erkenntnis und des Verstehens wird kommen.

Bleib aufmerksam, suche aktiv und vertraue deinem offenem Blick – auch, wenn es dauert.

Traue dir Vertrauen zu

In Amelies Ehe gibt es die klassische Rollenverteilung. Sie ist zuhause bei den drei Kindern, er verdient den Großteil des Geldes. Doch irgendwann wird es immer schwieriger zwischen den beiden. Sie gehen zu einer Eheberatung und trennen sich daraufhin auf Probe. Dass ihr Mann sich da bereits wegen einer Scheidung erkundigt hatte, erfährt sie erst später.

Dann beginnt ein ständiges Hickhack: Er möchte mit seiner Freundin im gemeinsamen Haus wohnen, Amelie soll sich darin tagsüber um alles kümmern. Amelie wehrt sich, auch sie möchte mit den Kindern leben. Das Hin und Her nimmt seinen Lauf. Er kauft ein neues Haus, die Kinder sollen bei ihm wohnen. Amelie gibt nach, die Kinder leiden schon genug.

Amelie wohnt zwar irgendwann wieder im Haus, aber sie kann es nicht halten. Er dreht ihr den Geldhahn zu, sie zieht in eine Wohnung, er zurück ins ehemalige gemeinsame Haus. Die Kinder sind nun in ihrer gewohnten Umgebung, und nach einem von vielen Gerichtsterminen ist Amelie auf sich selbst angewiesen. Das ist jetzt fast zehn Jahre her. Sie baut sich ein eigenes Business auf und hat eine wichtige Erkenntnis aus dieser Zeit mitgebracht: „Frauen sollten immer arbeiten", denn ein Job ermögliche Unabhängigkeit.

Nach drei Jahren, als Amelie noch mehr loslässt, geschieht für sie das Wunder: Der Jüngste kommt zu ihr zurück. Die Großen ziehen nach ihren Schulabschlüssen in andere Städte.

Die vielen Verletzungen waren lehrreich. Trost findet sie in vielen Mutmach-Büchern und solchen, die ihr zeigen, dass es wichtig ist, für sich selbst Verantwortung zu übernehmen. Sie liest, wie wichtig es ist, sich selbst treu zu bleiben – das hatte sie in der Ehe häufig vernachlässigt, bis an die Grenze der Selbstaufgabe, weil sie anderen gefallen wollte. Sie lernt, dass sie eine Wahl hat: „Ich kann heute entscheiden, ob ich jammere oder nicht."

Der Satz „ich ärgere mich" sage schließlich alles.

Es ist etwas in ihrem Kopf und in ihrem Herzen passiert. Sie merkt, dass sie nicht allein ist, es gibt für sie eine stärkere Kraft, der sie zu vertrauen beginnt. Sie liest spirituelle Bücher und rückt Gott und somit sich selbst wieder viel näher. Sie lernt, wie wichtig es ist, selbst positive Gedanken zu denken – eine Entscheidung, die sie dort hingebracht hat, wo sie heute ist: zufrieden mit sich, ihrem Leben und einem guten Draht zu ihren Kindern.

Sie weiß und spürt es: Ohne diese dunklen Stunden wäre sie heute nicht dort, wo sie ist. „Wenn wir wollen, gibt es immer eine Kraft, die uns unterstützt. Wir müssen uns ihr nur anvertrauen – und dann loslassen, um das Gute zu uns kommen zu lassen."

Im Nachhinein erklärt sich das Leben mit seinen Wirrungen leichter. Gut, wenn du das weißt, denn das kann dir helfen, vertrauensvoll in die Zukunft zu blicken.

TROTZDEM!

Tu dein Bestes im Rahmen deiner Möglichkeiten – und dann lass innerlich vertrauensvoll los.

Es nimmt dir den Druck – und trotzdem wird es funktionieren.

Wünsch dir was, dann handle danach

Kennst du den *Wunsch ans Universum*? Du schickst einen Wunsch „ans Universum", lässt innerlich los – und siehe da ... Für manche ist das schlicht Fakt, für andere Quantenphysik, für wieder andere Hokuspokus. Ich habe da so meine ganz eigene Theorie: Das kann deshalb funktionieren – und ich habe es oft genug selbst erlebt –, weil du dir überhaupt ein klar definiertes Ziel steckst.

Es scheitert dagegen, wenn du unspezifisch bleibst. Dir helfen keine Wischiwaschiwünsche, sondern nur eine ganz genaue Vorstellung von etwas. Detailliert, inklusive Farbe, Feeling und Geruch. Mit derart konkreten Angaben programmierst du dein Unterbewusstsein mit einer fest umrissenen Arbeitsanweisung.

Deine zukünftigen Entscheidungen entstehen weiterhin in deinem Unterbewusstsein, doch jetzt gibt es dort ein klares Bild als Grundlage. Du wirst eher bereit sein, zu einem vordergründig verlockenden Weg nein zu sagen, damit du auf der richtigen Strecke bleibst. Andersherum wirst du mutiger ja sagen können, wenn es zu deinem Ziel, deinem Wunsch passt. Eigentlich ganz einfach.

Na ja, ganz so einfach ist es wieder nicht. Dranbleiben lautet auch hier die Devise, ungewohnte Schritte gehen, Geduld haben, vertrauensvoll loslassen. Eben das Übliche, wenn sich etwas in deinem Leben ändern soll oder du etwas erreichen willst.

TROTZDEM!

Um konkrete Wünsche und Träume zu entwickeln, überlege zunächst: Was willst du wirklich? Was ist dein Wunsch?

Nicht der deiner Eltern, deiner Nachbarn, deiner Kinder – sondern deiner!

Denn nur dafür wirst du genug Energie aufbringen.

Vertraue den kleinen Schritten

Als ich Liane frage, ob sie heute etwas Gutes angesichts ihres gesundheitlichen Querschlägers sieht, zuckt sie erstmal mit den Schultern. Eigentlich hätte sich in ihrem Leben nichts geändert. Naturgemäß werde ich bei einem Wort wie *eigentlich* automatisch hellhörig.

Es war ein langer Leidensweg. Im Nachhinein wurde Liane klar, dass sie die Krankheit schon als Kind gehabt haben musste. Vieles ist ihr mit dem Wissen von heute nachvollziehbarer. Die Diagnose ist schwer, weil die Symptome diffus sind. Die Krankheit hat einen schwierigen Namen, sie ist verwandt mit Morbus Crohn, es handelt sich um eine chronische Entzündung des Dickdarms.

Es dauert, bis der Befund steht, noch länger dauert es, ein geeignetes Mittel zu finden. Sie bekommt sehr hohe Dosen an Cortison verabreicht, das in der Form schon einer Chemotherapie ähnelt und ihre Haare ausfallen lässt.

Nach einem halben Jahr wird klar, dass die Behandlung nicht anspricht. Sie bekommt teure Infusionen, von denen die Krankenkasse sich wenig begeistert zeigt. Schließlich stellt sich auch noch heraus, dass sie offenbar ein gefälschtes Medikament erhalten hat. Letztendlich lässt sie sich auf eigene Kosten beraten, stellt ihre Ernährung um und lernt Achtsamkeitsübungen. Das ist eine gute Idee, denn das hilft ihr endlich.

Irgendwann während der intensiven Behandlung im Krankenhaus wird sie völlig relaxt. „Sterben ist doch gar nicht so schlimm", denkt sie zwischen den Halluzinationen, die die starken Medikamente verursachen. Tatsächlich steht ihr Leben zu diesem Zeitpunkt auf der Kippe, wie sie später erfährt.

Heute sagt sie: „Es geht mir gut." Sie arbeitet immer noch als selbstständige Beraterin – trotzdem.

Ihr Leben geht weiter – bis auf ein paar Kleinigkeiten: Sie trennt mittlerweile sehr scharf zwischen ihrer Arbeit und ihrem Privatleben. Beim Bau ihres neuen Hauses setzt sie sich durch und weigert sich, das Büro in die eigenen vier

Wände zu holen. Dafür nimmt sie derzeit einige Kilometer bis zu ihrem externen Büro in Kauf. „Wenn ich die Bürotür hinter mir schließe, ist Feierabend", erklärt sie mit fester Stimme, „das habe ich früher nicht so konsequent durchgezogen."

Überhaupt kann sie heute wesentlich hartnäckiger nein sagen. Oder spontane Entscheidungen fällen und diese sofort umsetzen. Zu wissen, dass das Leben endlich ist, gibt ihr oft mehr Klarheit.

Das sind kleine Veränderungen, kleine Schritte, aber sie haben einen großen Effekt: Sie gönnt sich Auszeiten, nutzt die Lücken im Alltag. Es muss nicht gleich die ganz neue Weichenstellung, es kann auch einfach dieses kleine Plus im Alltag sein, das sich aus einem Tiefschläger entwickelt.

„Die Krankheit hat mich optisch älter gemacht", konstatiert Liane. Das habe Vor- und Nachteile.

„In meinem Beruf rücken nun erst recht die jüngeren Mitbewerber nach, auch die Kunden werden jünger", sagt sie, „dafür könnte ich für die Zielgruppe der Senioren interessanter werden, die nehmen mich jetzt ernster."

Auch sie selbst ist verständiger geworden für diese potentiellen Kunden, „denn so eine Krankheit fühlt sich auch von innen an wie frühzeitiges Altern."

Dann fällt Liane noch etwas Gutes ein: Sie weiß, dass ihr mittlerweile erwachsener Sohn dieselbe Krankheit hat. Der Vorteil ist, dass dieser rechtzeitig vorbeugen kann und schon bei kleinen Anlässen von den Ärzten von vornherein ganz anders behandelt wird.

TROTZDEM!

Du darfst kleine Schritte gehen, denn auch die bringen dich weiter.

Habe Geduld und mach dir immer wieder die kleinen Erfolge bewusst.

Das wird dich auf deinem Weg bestärken.

Lass deinem Leben Zeit

Bettina lebte in einer heilen Welt. Nach außen. Zwei Kinder, Ehemann, Häuschen, Kleinstadt. Sie hielt ihrem Mann den Rücken frei, koordinierte Kinder, Haushalt, Job. Aber es war wie eine „Seifenblase". Denn normal war es nicht, dass ihr Mann immer aggressiver wurde, sie selbst zunehmend in Angst lebte, dass sie Frauen tröstete, die ihren Ehemann als ihr Eigentum postulierten, und dass sie dennoch weiterhin ihm und seinen Beteuerungen vertraute.

Bis alles implodiert, die Ehe zerschellt, er ihr wegen des Hausverkaufs droht, keinen Unterhalt zahlt, sie ihre Kinder und sich selbst mit ihrem Halbtagsgehalt über Wasser halten muss, ihr Mann drei Jahre lang einen Prozess gegen sie führt, er ihr Gas, Wasser und Strom abstellt. Die Konten waren leer, dann gab es auch noch einen Einbruch. Die Kinder, acht und elf Jahre alt, waren obendrein verwirrt ob der Gefühlsschwankungen ihres Vaters, der vom Superdad über den tobenden Tyrannen bis zum heulenden Elend alle Facetten zeigen konnte – gerne auch an einem Tag in Folge. Bettina entschied sich, die Kinder psychologisch behandeln zu lassen, ihr Mann verbot es, sie klagte dagegen.

Bettina beginnt selbst eine Psychotherapie, will ihre Gefühle loswerden, sich neu justieren, raus aus der Wut, dem Zorn, der Ohnmacht. Sie nimmt sich die Kinder und sagt ihnen: „Jetzt werden wir das Ding schaukeln!“ Sie mieten sich in eine billige Bruchbude ein, in die keiner einziehen will, weil vorher eine Hundezucht darin war. In den nächsten zwei Jahren bringt sie das Häuschen zusammen mit ihren Kindern in Ordnung. Ihnen gegenüber kommuniziert sie die Dinge offen, wo es sich nicht vermeiden lässt. Sie will sie aber andererseits nicht unnötig belasten oder den Vater zum „Feinbild Nummer eins“ machen.

Das stärkt den Zusammenhalt, vor allem dann, wenn es „um die Wurst geht“, und bleibt gleichzeitig ein andauernder Spagat. Von Amts wegen bekommt sie einen Maulkorb, darf über ihren Mann und seine Eskapaden nichts erzählen – denn „das könnte ihm beruflich schaden“. Sie darf auch die Kinder nie alleine lassen, das Jugendamt stünde sofort vor der Tür, ihrem Exmann sei Dank.

Sie gewinnt über all das eine wichtige Erkenntnis: „Ich brauche niemanden, um glücklich zu werden.“ Sie fühlt sich nicht mehr als Opfer, sondern sieht sich als Schöpfer. Natürlich sei es manchmal einfach großartig, sich im Unglück zu suhlen, mit strähnigen Haaren und kaputten Strümpfen herumzulaufen, innerlich in dunklen Löchern zu hausen. „Tränen sind okay“, sagt sie, „und Kinder können dich auch in einem Loch begleiten." Aber man müsse ihnen Sicherheit geben, dass man aus dem Loch wieder rauskommt. Die dunklen Momente würden nach und nach immer weniger werden.

Und dann sagt sie diesen unglaublichen Satz: „Ich bin ihm dankbar, denn durch ihn bin ich rausgekommen aus meinem Kokon." All das Negative sei ein Entwicklungshelfer für sie gewesen. Auf einmal gingen Türen auf, weil ihr Blick geschärft war. Sie traute sich Neues zu, trat aus der zweiten Reihe, in der sie es sich so komfortabel eingerichtet hatte. Sie erlaubte sich einen gesunden Egoismus, machte sich selbstständig. Heute strotzt sie vor Tatkraft und Ideen. Früher, vor all diesen Kämpfen, wäre das undenkbar gewesen.

TROTZDEM!

Dieses „nach und nach" gehört dazu. Es wird nicht alles sofort besser, es ändert sich nicht alles von einer Sekunde auf die andere.

Wenn du das akzeptieren kannst, dann kannst du vertrauen.

Wenn du vertraust, wirst du die kleinen Erfolge und positiven Veränderungen sehen.

Sei ehrlich mit dir selbst

Bea hatte einen Traumjob. Einen Verlag mit aufzubauen und von den Autoren nach all den Jahren als Seele des Verlags gesehen zu werden, da steckt sehr viel Herzblut drin. Und dann kündigt sie. Mit 55 Jahren.

„Die Tür schloss sich, und was dahinter auf mich wartete, wusste ich nicht. Es gab keinen Plan B, keine vergleichbare Stelle in einem anderen Verlag, auf die ich mich bewerben wollte. Als ich einem Freund von meiner Entscheidung zu kündigen erzählte, sagte er: Mensch Bea, so macht man das doch nicht. Man sucht sich erst einen neuen Job und dann kündigt man! Kann man so machen, muss man aber nicht. Eine Tür schließt sich, eine andere öffnet sich. Ohne Plan B jedoch öffnen sich möglicherweise viele Türen und man kann schauen, durch welche man hindurchgehen möchte. Man kann nur etwas gewinnen, wenn man bereit ist, etwas zu riskieren. Anders funktioniert das nicht."

Einige ihrer vielen Kontakte waren traurig und konnten sich den Verlag ohne Bea nicht vorstellen. „Die meisten jedoch haben mich lustigerweise beglückwünscht zu diesem Schritt und mir geraten, mich mit meinem Knowhow selbstständig zu machen. Es dauerte keine zwei Tage, da hatte ich die ersten Anfragen und Aufträge auf dem Tisch:

Verlagsberatung, Autorencoaching, Texten und Redigieren, Scouting, Agenturtätigkeit. Offenbar haben Autoren und Verlage einen großen Bedarf an solchen Dienstleistungen."

Bea kalibriert sich neu. „Wie kann ich meine Stärken wo einbringen, welche Wellen möchte ich reiten, welche nicht? Innerhalb eines Unternehmens ist dies nur begrenzt möglich, zumal man über viele Jahre hinweg diverse Routinen aufgebaut hat." Sie mag keine Routinen, langweilt sich sogar damit, braucht vielmehr die Herausforderungen des augenscheinlich Unmöglichen. „So sehr ich die Arbeit geliebt habe, aber für den Rest meines Lebens stellte ich mir etwas anderes vor", sagt sie zur mir. Mir ist klar, dass Bea vor allem eins war, als ihre Entscheidung fiel: Sie war ehrlich mit sich selbst.

In dem Moment, in dem du ehrlich mit dir selbst bist, wirst du vieles klarer sehen. Natürlich ist es leichter, so zu tun, als wäre alles okay. Doch irgendwann wird sich dein Unterbewusstsein melden und an verschiedensten Stellen entwickeln sich Symptome. Diese können psychischer wie körperlicher Natur sein. Ein Zusammenhang erschließt sich dir vielleicht nicht sofort. Oder mit anderen Worten:

Manche machen sich so viel vor, da muss man erstmal dahinterkommen.

TROTZDEM

Die höchstmögliche Wirkung hast du auf dein Leben, auf andere, auf dich selbst, wenn du ehrlich mit dir selbst bist.

Oft kommt es anders, als du denkst

Die Hotelbranche hat eine hohe Fluktuation bei ihren Mitarbeitern. Umso erstaunlicher war es, dass Stella auf ihrer letzten Stelle elf Jahre gearbeitet hatte. Bis zu dem Tag, an dem sie einer Kündigung auswich, indem sie einen Auflösungsvertrag aushandelte. Diesem Tag war langjähriges Mobbing vorausgegangen, das ihre Gesundheit massiv angegriffen hatte.

So gesehen war sie froh, endlich ein bisschen Zeit für sich zu haben. Aber aus dem bisschen wurde mehr als ein halbes Jahr, angefüllt mit unzähligen Bewerbungen, viel Selbstinitiative auf Social Media-Plattformen, Gesprächen mit Headhuntern, hohen Erwartungshaltungen der Hotelchefs, aber Gehälterangeboten auf Anfängerniveau. Undenkbar für Stella mit 27 Jahren Berufserfahrung.

So langsam geht es ihr an die Substanz, wenn nach einem zweiten Gesprächstermin dann doch wieder eine Absage folgt. Der Gedanke „ich muss wieder arbeiten" treibt sie an.

Dann endlich – nach 20 Bewerbungen und zwölf Einladungen – der Jackpot! Ihr wird eine Stelle in Aussicht gestellt, die nicht nur ihren Wünschen entspricht, sondern obendrein mit 50 Prozent mehr Gehalt als in ihrer letzten Anstellung lockt. Sie bekommt eine Zusage und wartet nervös auf den Arbeitsvertrag. Hat er Fallen? Ist darin alles so aufgeführt, wie im Gespräch versprochen? Scheitert die verlockende Stelle vielleicht doch noch an irgendeiner Klausel?

Ein Wochenende bei Freunden steht an, Stella verspricht sich eine kurze Ablenkung von ihrem Gedankenkarussell. Schon seit einiger Zeit jammert ihr Mann über Schmerzen, aber er besteht darauf, dass sie fahren. Laufen und Stehen fällt ihm immer schwerer, und dann spitzt es sich am Sonntag zu, er kann kaum aufstehen. Ganz schnell wird klar: Er hat einen akuten Bandscheibenvorfall und muss sofort operiert werden!

Wie der Zufall es will, ist der Freund Anästhesist in einem nahe gelegenen Krankenhaus. Er kümmert sich darum, dass Stellas Mann gut betreut wird, während Stella ihren Mann umsorgt. Die Furcht vor der Operation ist für beide groß, es fließen Tränen. Ängste und Hilflosigkeit bekommen Vorrang. Aus den zwei Tagen bei ihren Freunden werden zwei Wochen, denn Stellas Mann ist nicht transportfähig.

In der Zeit passiert etwas zwischen Stella und ihrem Mann, das beinahe verloren gegangen war: Nähe. Körperliche Nähe. Stella bleibt bis zu zehn Stunden im Krankenhaus an seiner Seite, pflegt und wäscht ihn. Er, der beinahe seinen Lebensmut verloren hatte, ist zutiefst dankbar. Sie merkt, wie viel Angst sie hat, ihn zu verlieren. Die Prioritäten verschieben sich.

Und noch etwas lernt Stella über sich: „Ich wurde so erzogen, dass ich alles selbst schaffen muss. Urvertrauen habe ich zuhause nie gelernt." Doch jetzt ist sie auf die Hilfe ihrer Freunde angewiesen – und die helfen, ja, sie sind froh, helfen zu können. Sie merkt, dass ihr das ein neues gutes Gefühl gibt, und nimmt die Unterstützung dankbar an. „Zwischenmenschliches kann man nicht mit Geld kaufen", resümiert sie.

Der lang ersehnte Vertrag für die neue Stelle ist in dieser Zeit völlig in den Hintergrund gerückt. Sie hatte so intensiv darauf hingefiebert, aber jetzt haben andere Dinge mehr Bedeutung. Ja, sie tritt die Stelle an, aber viel wichtiger ist ihr, dass ihr Mann den Rasenmäher stehen lässt, wenn sie aus dem Haus ist. Damit nichts passiert. Und diese neue Denke tut ihr gut. Sicher wird das auch dafür sorgen, dass sie sich nicht mehr derart schlecht vom Chef oder den Kollegen behandeln lässt, wie es auf der vorherigen Stelle der Fall gewesen war. Und sie wird abends gerne nach Hause kommen. Das ist mehr wert als alles andere.

Prioritäten können sich in deinem Leben verschieben, andere Dinge rücken in den Vordergrund. Menschen werden aus deinem Leben verschwinden, andere dazukommen. Freundschaften können sich ins Gegenteil verkehren, Beziehungen werden neu entstehen. Was gestern noch wichtig war, ist heute nicht mehr relevant.

Das nennt sich Leben. Leben ist Veränderung.

TROTZDEM!

Bleibe neugierig auf den nächsten Tag.

Rechne mit Veränderungen – im Guten wie im Herausfordernden.

Lach drüber, weil es sonst keiner macht

Mein Vater ist mittlerweile so gut wie blind. Es war ein langer Gewöhnungsprozess für ihn – und ist es immer noch. Natürlich geht täglich irgendetwas schief: Er schiebt das Essen von seinem Teller, schlägt einen Gegenstand um, läuft gegen eine offenstehende Tür. Es ärgert ihn, und auch meine Mutter reagiert mitunter recht – nun, nennen wir es: emotional.

Eines Abends bin ich bei meinen Eltern zum Essen und werde Zeuge, wie mein Vater versehentlich ein Glas umwirft. Es ist leer, es ist nichts passiert, aber meine Mutter holt bereits Luft für eine – wie war das? Ach ja: emotionale Reaktion. Ich sage: „Stopp, stopp, stopp, macht es anders als sonst! Wie wäre es, wenn ihr das als Slapstick des Tages definiert?" Verständnisloses Schweigen.

Ich male meine Idee aus: „Papa wird immer irgendwas passieren, aber anstatt sich darüber zu ärgern oder aufzuregen, solltet ihr Buch darüber führen. Notiert euch, was vorgefallen ist, und dann kürt ihr den Slapstick des Tages, der Woche, des Monats – und am Ende begießt ihr den Slapstick des Jahres mit Sekt!" Es bleibt weiter ruhig, ich laufe mich jetzt richtig warm: „Dabei müsst ihr euch im mer an der größten Steilvorlage messen, die Papa bisher geschafft hat!"

Dann erinnere ich an ein Ereignis, das Jahre zurückliegt, als mein Vater besser sehen konnte: Es geschah an einer Kaffeetafel anlässlich seines Geburtstages. Ich saß ihm direkt gegenüber und kann mich noch bestens an jedes Detail erinnern. Mein Vater erzählt mit gewohnt ausladenden Gesten, meine Mutter nähert sich von hinten mit einem Teller, auf dem ein großes Stück Kuchen thront. Eine der lebhaften Gesten landet unter dem Teller, dieser schnellt hoch, das Kuchenstück fliegt davon, macht mehrere Salti und landet direkt – in Papas voller Kaffeetasse.

Ein Meisterstück!

Hätte ein Regisseur diese Szene ohne Schnitte filmen wollen, wären mehrere Wochen Training nötig gewesen.

„An dieser Steilvorlage müsst ihr euch messen, diesen Slapstick solltet ihr versuchen zu toppen. Jedes Mal, wenn Papa das nicht hinkriegt, dann muss euch das anspornen, besser zu werden!" „Machst du dich etwa über uns lustig?", brummelt mein Vater und ist ein bisschen beleidigt. „Nein", antworte ich, „ihr solltet euch vielmehr über euch selbst lustig machen!"

Na ja, ich fand die Idee gut. Das Schwierigste an einem solchen neuen Prozedere ist die Umsetzung. Dafür ist es nötig, sich von alten Verhaltensmustern zu verabschieden. Die sitzen mitunter sehr tief, werden reflexartig hochgebootet, sobald die dazugehörige Situation eintritt. Sie sind der Beweis dafür, dass das Unterbewusstsein die Regie über unser Leben führt.

TROTZDEM!

Abhilfe lässt sich schaffen, indem du

1. dir zunächst bewusstmachst, wie du in bestimmten Situationen reagierst,

2. dir überlegst, wie du in Zukunft reagieren möchtest und

3. beim nächsten Mal einmal tief durchatmest und dann bewusst dein neues Programm aktivierst.

Es ist einen Versuch wert!

Das funktioniert am allerbesten, wenn du dich und die Situation nicht so ernst nimmst. Mit Verbissenheit kommst du nicht weiter, das aktiviert sofort die alten Programme deines Unterbewusstseins. Mach ein Spiel daraus!

Wird es ein Spiel, wird es leichter

Die Teilnehmer kommen in meine Schlagfertigkeitsseminare, weil sie sich über ihre Sprachlosigkeit ärgern, im richtigen Moment nicht die passende Antwort haben, sich dem unangenehmen Verhalten anderer ausgesetzt fühlen. Abends auf dem Sofa rumort es dann in ihrem Bauch: „Ach, hätte ich doch xyz gesagt!“

Dieses abendliche Bauchgefühl ist die wichtigste Instanz, an der es sich zu messen gilt. Wer es schafft, abends zu denken „das war heute zwar nicht oscarreif, aber es ist okay für mich“, der ist auf einem sehr guten Weg. Um dahin zu kommen, ist Verbissenheit die schlechteste Wahl. Mit Wut im Bauch lässt sich nichts lernen – keine Schlagfertigkeit, kein neues Verhaltensmuster, nicht einmal Vokabeln. Damit wird sich einfach nichts ändern.

Die Wut und gefühlte Hilflosigkeit meiner Teilnehmer kann noch so groß sein, im Seminar fangen sie an zu lachen und probieren spielerisch die Schlagfertigkeitstechniken aus. Das ändert nichts an der Welt, in die sie nach dem Training zurückkehren werden, aber an ihrer Sicht darauf. Das wird es ihnen leichter machen, immer öfter anders als bisher zu reagieren. Da haben wir es wieder:

Wenn du die Umstände nicht ändern kannst,
dann ändere deine Einstellung.

TROTZDEM!

Stell dir vor, deine derzeitige Situation wäre ein Spiel, ein Teil einer Theaterkomödie, ein lustiger Film, die Hauptfiguren darin Comedians.

Sieht doch gleich alles ein wenig drolliger aus, oder?

Mit Humor schenkst du dir die Möglichkeit, nicht weiter gegen gedachte Grenzen anzurennen. Vergiss dich selbst dabei nicht: Hör auf, dich so ernst zu nehmen! Denn gerade Menschen, die über sich selbst lachen können, zeigen wahre Größe. Du bist am ehrlichsten zu dir selbst, wenn du die eigenen Fehler erkennst und darüber lachen kannst. Niemand ist perfekt. Genau das macht uns zu Menschen. Wenn du mit deinen vermeintlichen Fehlern leben kannst und sogar offen damit umgehst, hast du die Chance zu wachsen.

Lebe dein Leben

An dieser Stelle gibt es eine vermeintliche Rolle rückwärts: Du kannst nicht alles haben.

Du wirst scheitern, Wünsche werden Wünsche bleiben, manches Ziel ist unerreichbar.

Es kann daran liegen, dass es vielleicht nicht deine Wünsche waren. Hast du eventuell die Ziele anderer verfolgt?

Willst du mit dem Kopf durch die Wand, obwohl du nebenan nichts verloren hast?

Und weil es nicht so einfach ist, jetzt wieder der (fast) gegenteilige Rat: Deine Wünsche an dein Leben dürfen groß sein.

In Kurzform: Du darfst scheitern.

Du darfst wieder aufstehen.

Und du darfst dich für neue Wünsche und Ziele entscheiden.

Das ist nämlich der Clou:
Es ist dein Leben, du entscheidest.

TROTZDEM!

Wenn sich in deinem Leben etwas ändern soll, dann darfst und solltest du Dinge anders und andere Dinge als bisher machen.

Denke ab sofort in Lösungen statt in Hindernissen: „Was kann ich tun, damit es doch klappt?"

In der Anfangszeit meiner Selbstständigkeit gab es zum ersten Mal die Chance, einen Auftrag bei einer größeren Firma zu bekommen. Mutig hatte ich einen engagierten Tagessatz in mein Angebot geschrieben. Der Chef lud mich zu einem Gespräch ein. „Wir müssen mal über Ihr Angebot sprechen", waren seine einleitenden Worte. Meine Antwort war: „Wir sind beide bis an die Zähne mit Argumenten bewaffnet. Sie, um den Preis zu drücken, ich, um den Preis zu halten. Vielleicht sollten wir uns erstmal ansehen, wie das Training genau ablaufen soll."

Tatsächlich haben wir uns dann eine gute Stunde über Inhalte, die Location, die Zielsetzung unterhalten, aber nicht über den Preis. Nach einer Bemerkung meinerseits, sagt mein Gegenüber plötzlich: „Frau Kerschgens, Sie polarisieren!" Herzklopfen. Ist das jetzt gut oder schlecht? Mit festem Blick antworte ich: „Ja, das tue ich." Pause. Dann: „Und Sie sind frech!" Wieder Herzklopfen. Ist das jetzt gut oder schlecht? Was soll ich am besten antworten, um den Auftrag zu bekommen? Andererseits – er hat ja recht. Also sage ich: „Ja, das bin ich."

Wieder eine Pause, eine gefühlte Ewigkeit lang. Dann sagt er: „Und genau deshalb nehme ich Sie!"

Stehe zu dem, wie und wer du bist. Das ist die beste Rolle deines Lebens, alles andere ist nur Schauspielerei.

Diese Geschichte erzählte ich Jahre später bei einem Vortrag über Schlagfertigkeitstechniken, hier als Beispiel für die unerwartete Zustimmung. Da meldet sich eine – nun, hier stimmt das Wort in seinem tiefsten und wertschätzenden Sinne: Dame zu Wort. Sie sagt: „Also wenn mir einer sagen würde, ich wäre frech, dann würde ich niemals ja sagen!" Ich antworte: „Das würde ich Ihnen auch niemals raten, denn bei Ihnen träfe das ja auch nicht zu." Sie hätte in einem solchen Moment eine ganz andere Antwort gebraucht.

So wenig, wie es die eine Schlagfertigkeitstechnik für alle Fälle gibt, so wenig lässt sich das Hadern mit Lebensschicksalen mit einfachen, für alle Menschen gleichsam gültigen Tipps aus der Welt schaffen. In diesem Buch ist dir hoffentlich immer wieder deutlich geworden: Es gibt eben nicht die eine Lösung, den einen Tipp, den ultimativen Trick. Das wäre ja leicht. Und alles, was allzu leicht wirkt und damit besonders verlockend, ködert dich und dein Leben.

TROTZDEM!

Drei Fragen für mehr TROTZDEM in deinem Leben:

Was ist das Gute an deiner derzeitigen Herausforderung?

Wie sieht dein Wunschleben im Rahmen der Möglichkeiten aus?

Welches Fazit möchtest du in 5, 10, 25 Jahren ziehen können?

Mein Weg – dein Weg

Hätte ich es mir leicht gemacht, gäbe es dieses Buch nicht. Und möglicherweise auch all die anderen nicht, die vorher entstanden sind, und die – davon gehe ich aus – noch entstehen werden. Als ich mich trotz der unerfreulichen Diagnose aus einem sicheren Job heraus selbstständig gemacht habe, war das die beste Entscheidung meines Lebens. Davon bin ich überzeugt. Nicht nur wegen all der kreativen Möglichkeiten und Freiräume, die sich damit auftaten.

Ich habe noch einen weiteren Gedanken: Wäre ich damals in der sozialen Hängematte geblieben, säße ich schon seit vielen Jahren durchgehend im Rollstuhl. Und zwar, weil ich es gekonnt hätte.

Ich habe natürlich keine Kristallkugel oder ein Parallelleben, um zu beurteilen, ob ich recht habe. Es ist nur ein Gefühl. Denn ich war – wenn ich ehrlich mit mir selbst gewesen wäre – unglücklich in meinem Job, also wäre die Krankheit ein willkommener Grund gewesen, krank zu feiern, Kuren zu machen, die Möglichkeiten des Sozialsystems bis zum Anschlag auszuloten. Ich hätte mich in meine Krankheit fallenlassen können, ihr einen sehr großen Raum in meinem Leben gegeben. Dann wäre es nicht mehr mein Leben, dann wäre es das Leben meiner Krankheit gewesen. Stattdessen sage ich heute: Ich *bin* nicht krank, ich *habe* eine Krankheit. Das ist – nicht nur gefühlt – ein sehr großer Unterschied.

Das ist mein Weg, er entspricht mir und meiner Art. Damit ist er nicht automatisch auch dein Weg.

Ich kenne dein Leben nicht und auch nicht die Herausforderungen, die sich dir gerade stellen. Ich kann mir vorstellen, dass du Angst hast oder verzweifelt bist, Gefahr läufst, die Hoffnung, den Lebensmut zu verlieren.

Doch was immer sich dir gerade in den Weg stellt: Es ist bestens für eine Kehrtwende geeignet. Tiefpunkte können sehr kreativ und wegweisend sein, wenn du sie bewusst durchlebst, anstatt über ihnen zu verbittern. Sie sorgen dafür, dass du dein Warum erkennst.

Vielleicht weißt du das heute noch nicht, aber später, beim Blick zurück, wirst du dein persönliches TROTZDEM erkennen. Darauf darfst und solltest du dann stolz sein. Und du wirst deine Freude daran haben!

Ein vermeintliches Ende wird zum Anfang

Bei mir stand eine Chemotherapie in Aussicht. Für alle, die es genau wissen wollen: Diese heißt Mitoxantron-Therapie. Zu diesem Zeitpunkt hatte ich schon zehn Jahre Interferon (Rebiff44, drei Spritzen pro Woche), danach ein Jahr Infusionsthearpie (Tysabri) und schließlich etwa anderthalb Jahre Fumarsäure in Tablettenform (Tecfidera) hinter mir – dazwischen immer mal wieder Cortison (die höchste Dosis war 10 Gramm in fünf Tagen).

Diese Chemotherapie ist eine etablierte Behandlung für MS-Patienten, die ihre Krankheit nicht (nur) in Schüben erleben, sondern bei denen der Gesamtzustand kontinuierlich den Bach runtergeht. Diese Verlaufsform nennt sich progredient. Die Chemotherapie soll diesen Prozess ausbremsen.

Die ersten Termine zur Voruntersuchung und Behandlung rückten immer näher. Für mich fühlte sich das an, als wäre mein Schicksal endgültig besiegelt. Alle Verluste, all das Aufgeben liebgewonnener Tätigkeiten der letzten Jahre kochten in mir hoch und zerfetzten die letzte Kraft, mit der ich den Kopf über dem mentalen Wasser gehalten hatte. Mein Lebensmut verpuffte regelrecht. Spätestens Ende 2016 trennten mich nur noch wenige Millimeter von dem inneren Aufgeben. Und wenn ich ganz ehrlich mit mir selbst war: Für mein berufliches Tun sah ich erst recht keine Zukunft mehr.

Bis zu diesem einen Tag, an dem ich einem Menschen begegnete, der einfach nur fragte: „Wie wäre es mit Plan B?" Die folgende Erklärung, was dieser Plan B für mich sein könnte, war der Auslöser: Ich sah, dass es *meine* Entscheidung ist, wie es mit mir weitergeht.

Das brachte mich zu meinem Entschluss gegen die Behandlung und für ein Experiment in eigener Sache: Ich begann mit täglicher intensiver Mentalarbeit, begleitet von dieser wunderbaren Person, die mir mit dieser einen Frage die Chance gab, mich aus meiner negativen Denkschleife zu hebeln. Jetzt griffen auch wieder all die anderen menschlichen Begegnungen und unterstützenden Ansätze der letzten Jahre – und es war aufs Neue die Kraft da für die jetzt noch tiefere Erkenntnis:

Es fängt immer und ohne Ausnahme zwischen unseren eigenen Ohren an.

Reine Kopfsache eben. Klingt einfach? Na ja. Wenn ich aus einem zu weichen Hotelbett kaum hochkomme und nur mit Minitrippelschritten ins Bad gehe, weil zu meinen Käselöchern auch noch ein völlig verhärteter Rücken dazukommt, dann gebe ich nicht nur ein Bild des Jammers ab. Es kostet extrem viel Überwindung, in solchen Momenten mir selbst und damit meinem Unterbewusstsein in Dauerschleife zu sagen, dass ich gesund und kraftvoll sei. Oder anders gesagt: Ich komme mir saublöd vor. Doch was soll's, da will ich durch. Denn das Ziel ist großartig!

Übrigens: „Käselöcher" ist lange Zeit meine Bezeichnung für die MS gewesen, die ich hier zum letzten Mal verwendet habe. Auch so ein Mentaldingens ...

Mein ganz eigener Plan B

Ich habe seit einiger Zeit einen Schrittzähler. Alle Sportfans und Kalorienzähler können aber gleich weitergehen, es gibt bei mir nichts zu sehen. Ja, ich zähle seitdem meine Schritte und schreibe sie abends auf. Ich notiere auch, wie oft ich im und vor dem Haus die Treppe rauf- und runtergegangen bin. Was nicht in die Notizen kommt, ist die Geschwindigkeit, mit der ich meine Wege geschafft habe. Die ist lausig. Noch.

Es geht also nicht um Sport, Kalorienverbrauch, Fitnessstatus. Es geht darum, Buch zu führen über meinen kontinuierlichen Weg aus dem Rollstuhl auf längeren Strecken. Also spätestens ab 40 Metern ...

Denn das ist mein Plan B für die Zukunft: Allen Unkenrufen der Schulmedizin zum Trotz habe ich die fixe Idee, dass ich wieder lange Strecken laufen, Fahrrad fahren, auf Bühnen stehen (!) werde – und wieder Auto fahren kann. Stelle dir zum letzten Punkt bitte einen besonders tiefen Seufzer vor; wer mich genauer kennt, weiß, warum.

Vielleicht in umgekehrter oder durchgeschüttelter Reihenfolge. Egal. Entscheidend sind für mich meine Ziele und der Weg dahin.

Ich will dir nichts vormachen:
Es kostet immens viel Energie.

Wenn du für dich selbst nicht bereit bist, die nötige Energie für deinen Wunschweg aufzubringen, geht das natürlich in Ordnung. Es bleibt deine Entscheidung. Ich kann dir nichts versprechen. Ich weiß nur, dass du die Wahl hast zwischen deinem eigenen Leben und einem anderen – wie immer das aussehen mag. Aber es wird möglicherweise nicht nach deinem Geschmack sein.

TROTZDEM!

Es ist sicher nicht immer einfach, dranzubleiben. Es wird deine ganze Kraft kosten.

Stelle dir in Momenten des Zweifels die Frage, ob dir das eigene Leben wert genug ist, um diese Kraft aufzubringen.

Es wird einfacher, viel einfacher, wenn du dir ein Ziel setzt, das für dich kostbar ist. Gönne dir ein solches Ziel! Gönne dir dein Leben!

Ich habe keine Ahnung, wie lange mein Weg zurück zum ausdauernden, sicheren, freien Gehen dauern wird. Das verlangt mir viel ab, denn Geduld war noch nie meine Stärke. Aber dass es klappen wird, davon bin ich überzeugt.

Wenn ich das nicht wäre, dann könnte ich es auch gleich lassen.

Danke, MS, für diese ganz spezielle Herausforderung. Ich nehme sie an.

Wie heißt deine Herausforderung?

Mach was draus!

Danke

Die Monate, in denen dieses Buch entstand, waren faszinierend. Es hat mich im höchsten Maße berührt, all diese unglaublichen Erlebnisse, Erfahrungen und Erkenntnisse berichtet zu bekommen. Ich bin unendlich dankbar für die Offenheit und das Vertrauen, das mir diese Menschen schenkten. Beim Aufschreiben der Geschichten habe ich jeweils in enger Absprache mit den „Trotzdem-Quellen" gestanden. Sämtliche Namen sind geändert.

Auch der Schatz an Eindrücken und Beispielen aus meinen Seminaren und Coachings in all den Jahren begeistert mich immer wieder aufs Neue. Es macht mich sehr dankbar, jeden einzelnen dieser Momente erlebt haben zu dürfen.

Mein besonderer, sehr tief empfundener Dank geht an alle, die ihre Geschichte mit mir geteilt haben, an all die Menschen, die mich inspiriert haben und die ich ein Stück ihres Weges begleiten durfte oder die mich begleitet haben. Um die Anonymität zu bewahren, werde ich niemanden namentlich erwähnen. Das betrifft auch die, die genannt werden könnten. Ihr wisst es auch so!

Danke an die vielen, die an mich und an meinen ganz persönlichen Plan B glauben. Das gibt mir sehr viel Kraft.

... und warum dieser Titel?

Den Titel dieses Buches habe ich genaugenommen meiner Mutter zu verdanken. Jedes Mal, wenn sie von jemandem angejammert wird, ist ihre Reaktion: „Meine Tochter sagt immer: Einfach kann ja jeder!"

Das war mir gar nicht so bewusst, aber es stimmt. Diesen Satz habe ich einfach konsequent weitergedacht, und zack – wurde ein ganzes Buchprojekt daraus.

Fühl dich innig umarmt für diesen Impuls!

Buchtipps

Winget, Larry: *Halt den Mund, hör auf zu heulen und lebe endlich – Der Tritt in den Hintern für alle, die mehr wollen.* Heyne Verlag, München 2009

Fischedick, Mathias: *Wer es leicht nimmt, hat es leichter: Wie wir endlich aufhören, uns selbst im Weg zu stehen.* Piper Verlag, München 2014

Löhken, Sylvia: *Leise Menschen – starke Wirkung. Wie Sie Präsenz zeigen und Gehör finden.* Piper Verlag, München 2015

Bücher der Autorin (Auswahl)

Reden straffen statt Zuhörer strafen – Mit Operation Zwille zu kurzweiligen Reden. GABAL Verlag, Offenbach 2011 (auch als Hörbuch)

Die geschliffene Rede. GABAL Verlag, Offenbach 2013

Die „Hilfe"-Romanreihe (auch als E-Books bei neobooks):

Hilfe, ich hatte eine glückliche Kindheit – Ein Roman über die anderen. Teil 1, Books on Demand, Norderstedt 2015

Hilfe, mich liebt ein Traummann – Noch ein Roman über die anderen. Teil 2, Books on Demand, Norderstedt 2015

Hilfe, jetzt habe ich auch noch Erfolg – Wieder ein Roman über die anderen. Teil 3, Books on Demand, Norderstedt 2017

Die Autorin

Katja Kerschgens ist *Die Redenstrafferin* und seit 2001 selbstständige Rhetoriktrainerin. Seitdem hat sie bundesweit tausende von Teilnehmern aus den unterschiedlichsten Branchen in Rhetorik und Schlagfertigkeit trainiert und gecoacht. Aus diesem Querschnitt durch alle Zielgruppen entwickelte sie über die Jahre ihre Mission gegen den Missbrauch von Lebenszeit.

Mittlerweile meint sie damit das gesamte Leben, nicht nur den Moment des Redenhaltens. Ihr eigener Lebensweg stellt eine besondere Herausforderung dar und fordert sie heraus, ihren persönlichen Plan B zu aktivieren. Sie bietet zu ihren Themen Coachings, Vorträge, Videos und ein Blog an.

Sie studierte Germanistik, Sprachwissenschaft und Phonetik in Köln und lebt heute mit ihrem Mann in der Hocheifel, wo sie mit der Kombination „wandern und denken" ihre spezielle PlanBBegleitung anbietet. Mehrere Jahre arbeitete sie als feste und freie Redakteurin. Sie veröffentlicht als Autorin laufend Bücher in unterschiedlichsten Genres.

Kontakt

Katja Kerschgens, M.A.
KKKom® – Die Redenstrafferin
Adenau am Nürburgring

+49 26 91-93 20 80
info@kkkom.de

Buch-Website: www.einfachkannjajeder.de

Homepage: www.DieRedenstrafferin.de

Plan B: www.PlanBBegleitung.de

Autorenseite: www.KatjaKerschgens.de

Facebook: www.facebook.com/katja.kerschgens.5